乔丹篮球宝典

飞人乔丹一生绝技全集

卷二 降龙八掌篇

作者 肯特 ▼ 绘图 郑旭宏

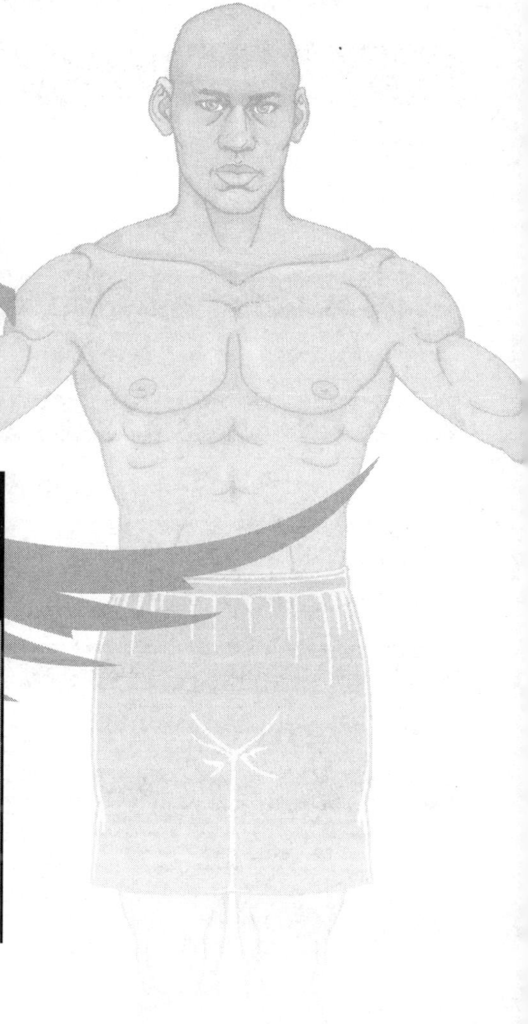

人民体育出版社

乔丹战力分析图

仔细观察招式与生理结构的关系，
你会发现乔丹异于常人的秘密！

乔丹篮球宝典2——降龙八掌篇

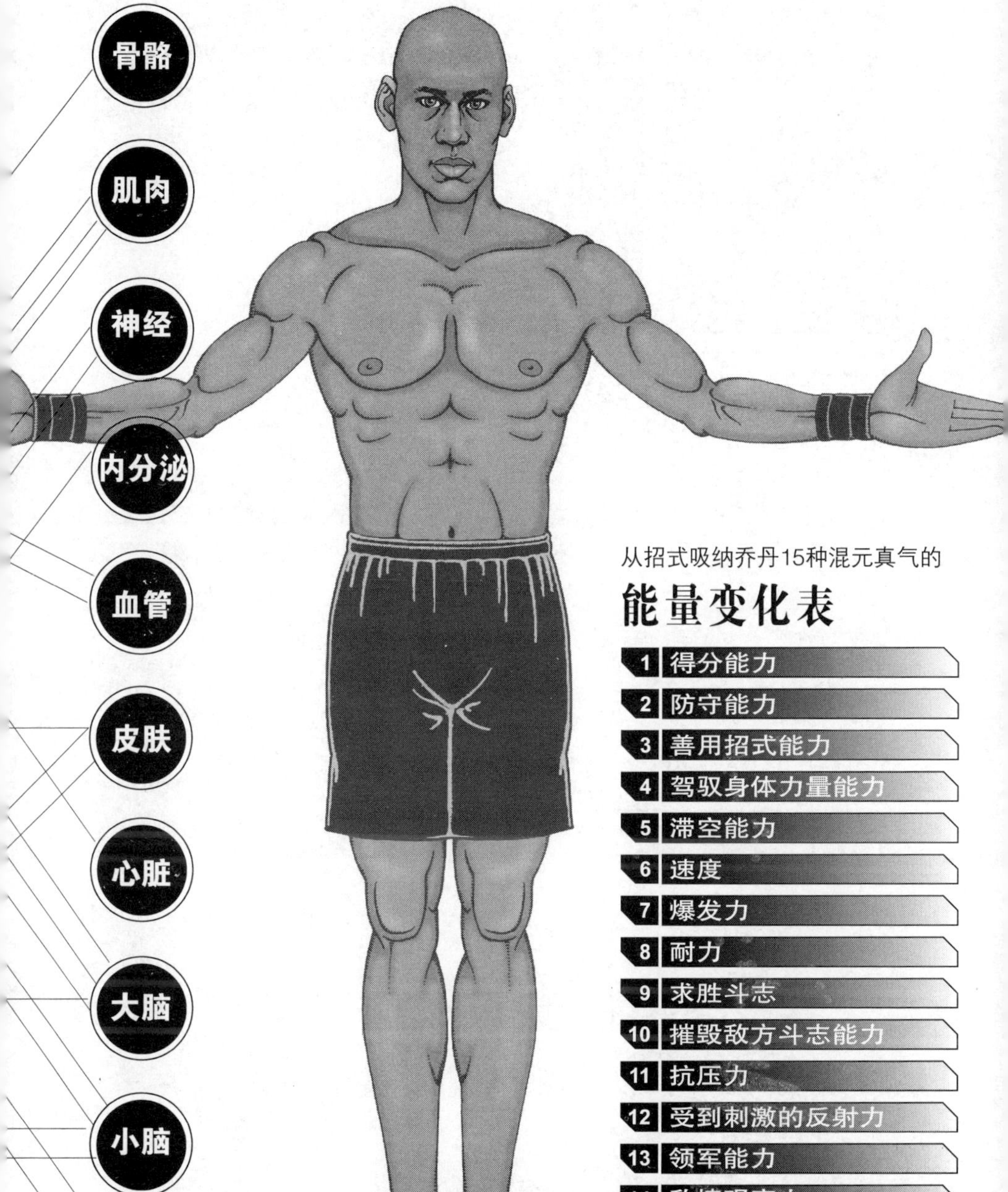

从招式吸纳乔丹15种混元真气的

能量变化表

1 得分能力
2 防守能力
3 善用招式能力
4 驾驭身体力量能力
5 滞空能力
6 速度
7 爆发力
8 耐力
9 求胜斗志
10 摧毁敌方斗志能力
11 抗压力
12 受到刺激的反射力
13 领军能力
14 敌情观察力
15 激励队友斗志能力

▶▶▶ **勤练招式充实你的战力吧！**

《乔丹篮球宝典－降龙八掌篇》

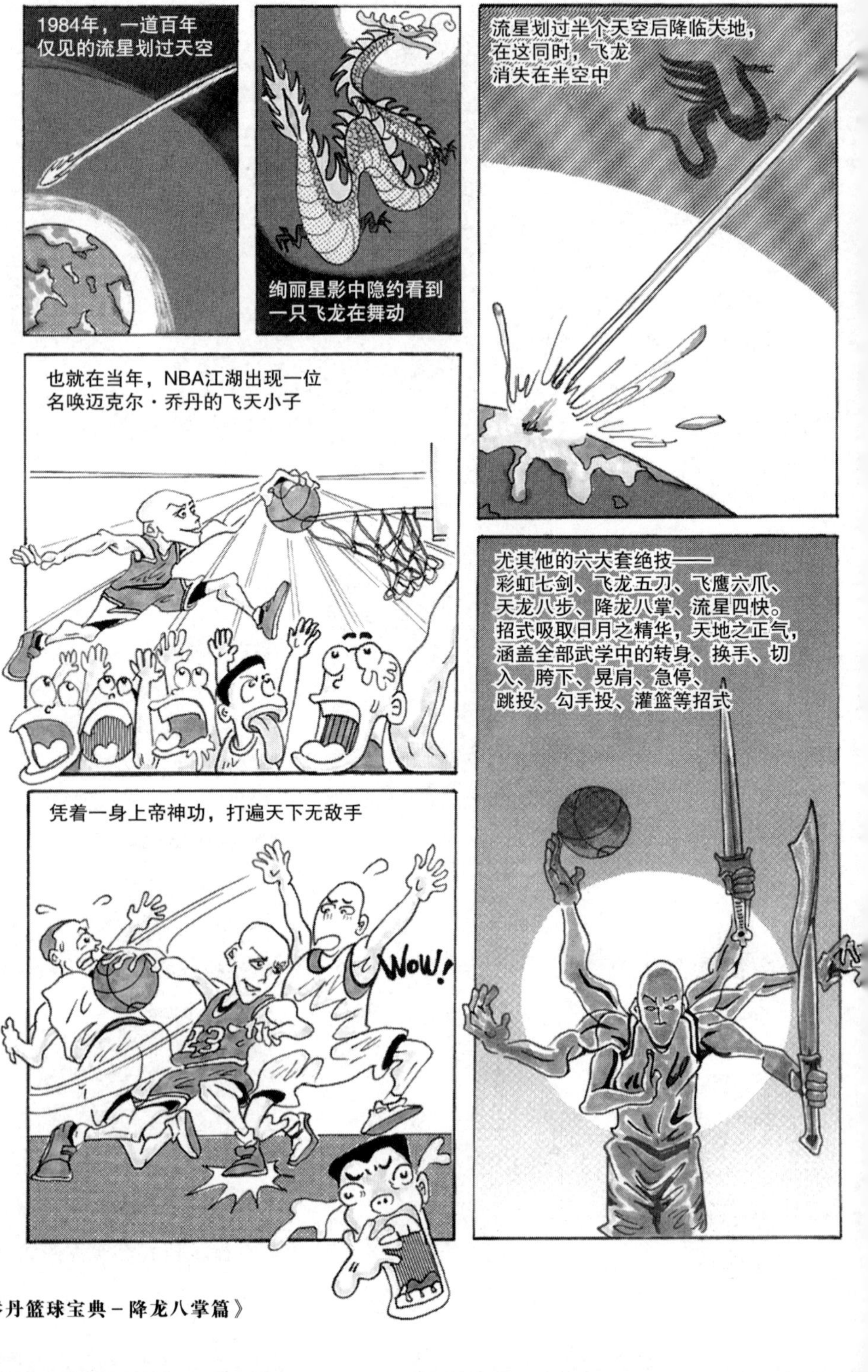
1984年，一道百年
仅见的流星划过天空
绚丽星影中隐约看到
一只飞龙在舞动
流星划过半个天空后降临大地，
在这同时，飞龙
消失在半空中
也就在当年，NBA江湖出现一位
名唤迈克尔・乔丹的飞天小子
凭着一身上帝神功，打遍天下无敌手
WOW!
尤其他的六大套绝技——
彩虹七剑、飞龙五刀、飞鹰六爪、
天龙八步、降龙八掌、流星四快。
招式吸取日月之精华，天地之正气，
涵盖全部武学中的转身、换手、切
入、胯下、晃肩、急停、
跳投、勾手投、灌篮等招式

每套神功中的招式皆相互生克，又相辅相成。出招时，劲力忽强忽弱，方向忽左忽右，速度忽缓忽快，剑势忽实忽虚，从至刚之中借力使力，意生出至柔的妙用
任何人只要习得其中一套神功，立刻脱胎换骨变成江湖超级斗牛高手，更遑论乔丹他是六大神功汇集于一身，他让世人见识到，原来篮球可以诠释到如此神奇境界
DON !!
Jordans' Moves
1999年1月13日，乔丹宣布封剑
举世不舍又无奈，于是乔丹把他一身招式精髓，透过肯特之笔，载入“乔丹篮球宝典”，留下来供后代武学人士观摩学习
Kent (10 years ago)
Alex
希望乔丹的身影能随着本宝典永远流传在世界各角落
Jordans' Moves
BULLS
23

制造另一个乔丹

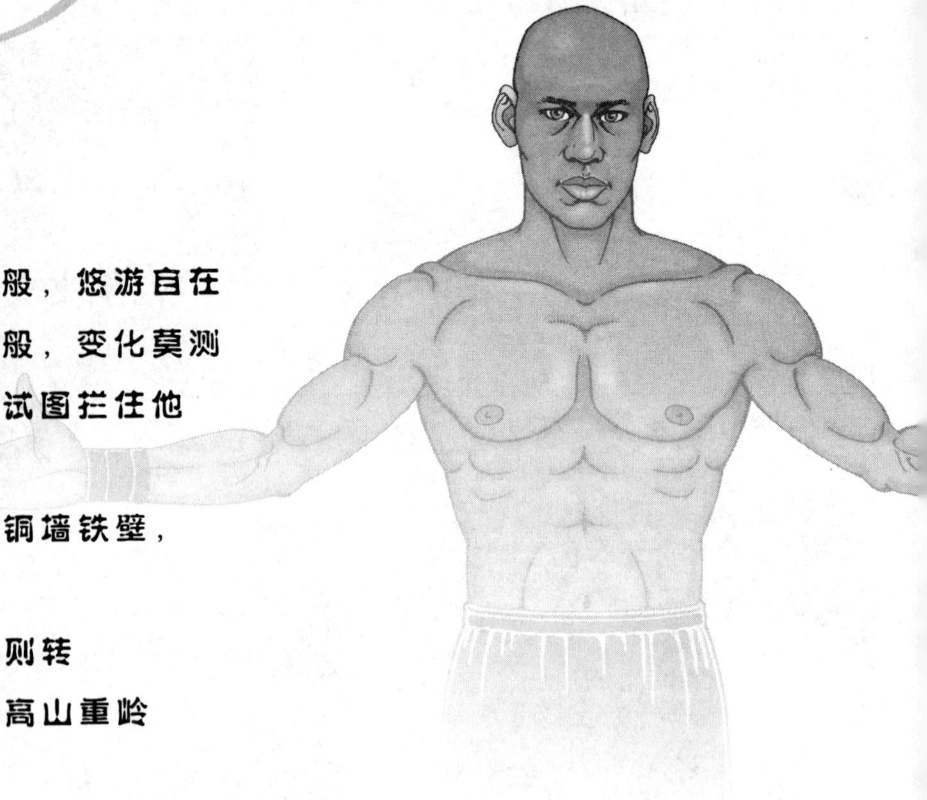

得分

如云般，悠游自在

如风般，变化莫测

别想试图拦住他

因为

任凭铜墙铁壁，

风

碰壁则转

任凭高山重岭

云

遇山则绕

前言

乔丹旋风横扫江湖

迈克尔·乔丹在美国甚至在全世界所造成的震撼，不仅是他在NBA创造的10年得分王的纪录，他也创造出一个空前绝后的“乔丹经济王国”。乔丹封剑，这四个字所代表的意义是影响美国超过百亿美元的经济。

NBA因他，收视率大幅上扬，票房火爆，各种相关产品销售火热。“大鸟”伯德和“魔术师”约翰逊的东西对抗10年，使票房增长约百分之六，但乔丹时代的票房增长率达六成一。是乔丹的影响力，让美国的NBA成为全世界的NBA！

一位单纯的篮球运动员，能造成这么大的影响力，只因为他篮球打得很好？对！就这么简单，只因他篮球打得太好了！芝加哥因他，百业门庭若市；NIKE因他，成为全世界遥遥领先的第一运动品牌，让青少年心甘情愿地彻夜排队等着买他的飞人乔丹鞋；NBA因他，得以秋风扫落叶之势，轻易一举攻占全世界。

留下乔丹的招式

他打篮球到底好在哪里？乔丹的招式学得来吗？乔丹让世人见识到的篮球境界，是否随着他的退休而烟消云散，只留下声声的赞叹？

不！人可以退休，但人走留书。我们必须留下他的招式供后代学习，他那些天下绝技，绝不能让它失传于世！

《乔丹篮球宝典》的出版，就是肩负着如此伟大的使命而问世的。它为了让世人更加具体了解，为什么同样一个篮球，经由乔丹之手，就可以舞弄出如梦似幻的境界。为什么乔丹变化般地使出身藏的那些武林秘技，就能让他在篮球场上如入无人之地，视NBA众顶尖高手如无物。

制造另一个乔丹

剖析乔丹的招式精髓

“他如此轻轻松松地掌控了比赛的胜负。”不少人如此赞叹乔丹在篮球场上的表现。

但他是如何轻松地掌控球赛?他是如何轻松地得分？他又是如何轻松地摆弄防守者?

要完整剖析这位空前绝后，天下第一高手的招式精髓，犹如要把一个被猫咬乱的毛线球，理出头尾又不会打结一般令人头痛。原因是乔丹的招式，看似轻松，实则千变万化，五花八门。虽然他通常主打得分后卫，但在实战中，却场上锋卫五种角色的招式样样精通，每招都有相通处和不同的地方，而且招中有式，式中带招。这还不算什么，关键是在每一招式的使出过程中，都可能是一个致命的出手点，让你无法分辨，进退两难。

难怪江湖公认一句话：“别想试图阻止他，乔丹是守不住的！”

还好，乔丹终究是一个人

还好，乔丹终究是一个人。虽然他被称呼是上帝派来的使者，只要是人类，都有其行为的习惯性，就如有人敲门习惯敲两下，有人习惯敲三下，有人过马路时习惯先看右边再看左边，有人却习惯先看左再看右。

这跟打篮球有什么关系?

应该不能说是绝对，而是比率的问题。

譬如说，大部分球员，都有其拿手的得分招式和拿手的得分地点，这就是每个人的习惯性。我们常常可以从每场比赛后电视的转播屏幕中看到，针对特定球员的出手点或得分点分布图，明显看到它的差异处。

乔丹当然也有他拿手和惯用的招式。本书试图以他在各种情况、各

前言

种位置下，分析他有哪几种惯用的招式，譬如说：

他如何摆脱对手的紧逼盯人？

面对防守者时他有哪些攻击招式？

背对防守者时又有哪些招式？

在关键时刻，他惯用哪几种绝招来投出制胜一球？

在中线、左边、右边或运球快攻时又各有什么惯用招式？

然后以篮球的基本科目归类，大致依跑位→接球→跳投→切入→助攻，再到防守方面的抢断→封盖→占位等方式将他的全部绝活条理化。

又因飞人乔丹滞留在空中的各种假动作和灌篮，可说是20世纪的天下第一奇观，所以本书特以此在结尾辟两个单元，欣赏、学习皆相宜。

制造另一个乔丹

另外，有一点要特别提出，你可别误会看了这本详载乔丹全部惯用招式的宝典后，就沾沾自喜，以为从此之后就可生擒活捉，阻止他的得分。

乔丹之所以叫乔丹，关键在于他能够视球场上各种不同状况，把储存在脑海里的大量招式，随机应变挑出一个最有效率的招式得分，而不是事先布置好要使出哪一招。

他曾说过：“在比赛中，我甚至不刻意去思考如何打球，因为场上的状况是瞬息万变的，没有片刻的思考时间。”所以，连他自己都不知道下一步要往哪边切，你又如何能猜到呢？

既然阻止不了他，就学他吧！

制造另外一个乔丹！让别人来伤脑筋如何守你，岂不更快哉！

乔丹篮球宝典 ② 降龙八掌篇

目录

第一章 急停跳投

第二章 切入

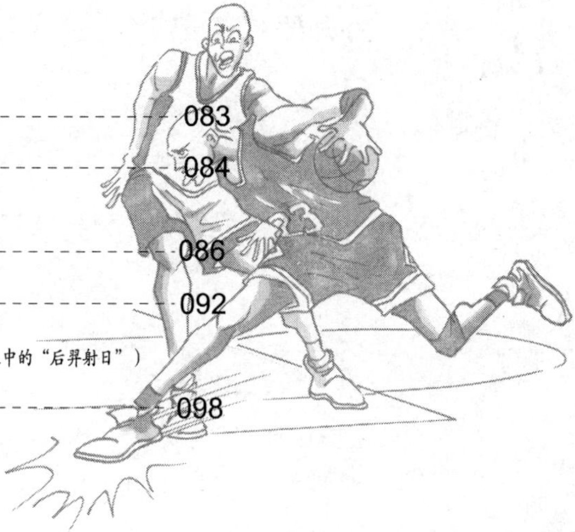

第三章 单挡

第四章 转身

第五章 一打二

乔丹篮球宝典

2

降龙八掌篇

第六章 快攻

第七章 助攻

第八章 封盖

第九章 占位

第十章 罚球

第十一章 灌篮

从**天龙八步**，能吸纳乔丹15种混元真气的**能量变化表**

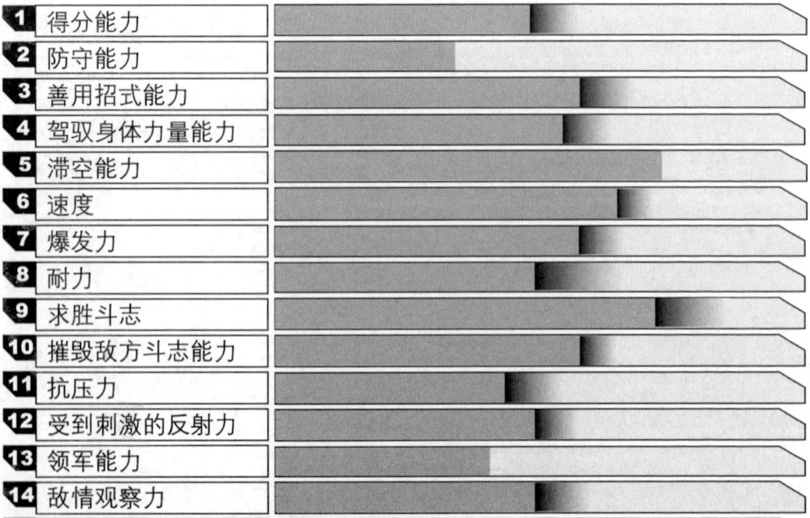

天龙八步

第一章 急停跳投

乔丹如何急停跳投

乔丹的“天龙八步”

乔丹要你四步死，绝不留人到八步！

当乔丹想在对手正面跳投时，他有一独门步伐称“天龙太爷步”，从这基本的天龙步变化延伸出一套令江湖闻之色变的“天龙八步”。

从开始把整套剑法演完，总共会在对方面前踏出八步，可怕的是在第四、七、八步中，他都可能视对手的移动状况，随时收招出手。一出手即见血封喉，让人防不胜防。

这三个出手点，江湖人士分别给它们的名号谓：

天龙四步－蝗虫过境

天龙七步－天摇地动

天龙八步－万箭穿心

天龙八步

天龙八步

基本功

天龙太爷步

天龙八步的基本功

什么是“天龙太爷步”？

简单地说，就是运球左右各晃一下急停跳投。

乔丹使用招式，状似角头大哥过大街，大摇大摆，所以得名“太爷步”。

这招属于基本跳投动作稍加变化而成。基本动作就是运球手和重心脚都在右边的“球、脚同边跳投法”（详见《达摩篮球秘笈——NBA顶尖高手绝招探秘》蝴蝶穿花中的达摩跳投二法）。

最佳使用时机：

在对手压低重心防你切入时，尤其是对方两脚叉开，平行对着你，这时，只要本招一出，保证晃得对手东倒西歪，轻松跳投得分。

对于乔丹来说，这招还有另外一种好处，可避免对手有机会接触到他的身体。

在1997、1998连续两年跟爵士队争夺总冠军时，爵士队霍纳塞克、斯托克顿、卡尔·马龙等一干人，一个个貌似老实又正直，但身体只要跟他们一接触，推、拉、拐、撞各种旁门暗器，倾巢而出，毫不含糊，尤其当对手切到篮下时，其下手之重，更是让人触目惊心。

暗箭既然难防，不如就不给它机会施展。于是，乔丹为避免无谓受伤，大量现出本招，在外线晃两下，拿球就跳，让他们连衣边都摸不着。

急停跳投

图1

运球向防守者逼进。

图2

然后左脚突然加速往左大步一跨，肩膀也同时向左一晃。

图3

左脚使力把球往右带。
右脚大步向右前方跨，着地立刻急停，并将重心移到右脚上。

图4

左脚靠到右脚旁，起身跳投。从右跨－急停－收球－跳投，右手掌控着球刚好划一个小圆弧，顺球之势起身，把这小圆弧练得像彩虹般如此顺眼时，你的跳投就会像乔丹一样——“看起来很稳”！

图5

本招使用关键

将单手左右运球练顺了，使用本招自然水到渠成。

天龙八步

天龙四步

蝗虫过境

「踏左　晃右　切左急停跳」

杜玛斯讲话会大声吗?

当你把“天龙太爷步”练顺了之后，并把运球基本功“单手左右运球”练到几乎闭着眼睛球都不离手时，恭喜你！你已经具备一窥乔丹“天龙八步”神奇境界的条件了。

前面提到“天龙八步”在第四、七、八步中，可能视对手移动状况，随时收招出手，兵分三个出手点：

天龙四步——“蝗虫过境”：向左切后急停跳投。

天龙七步——“天摇地动”：在对手正前方急停跳投。

天龙八步——“万箭穿心”：向右切后急停跳投。

一向右，一向左，另一向正前跳，方向各异。而且，乔丹这八步是以极快速的左右晃步方式使出，眨眼间，根本无人可以挡得住这连发炮弹。所以，乔丹也难得使到第八步才出手。

通常，踏到第四步“蝗虫过境”，甚至只用这“天龙八步”的基本步“天龙太爷步”，就足以克敌。除非他不只要放倒对方，而且要对方死得很难看时，才有可能一睹他的天龙第八步——“万箭穿心”的神威。

本招天龙四步——“蝗虫过境”，说穿了，即是以其基本步——“天龙太爷步”假右切、急停跳的招式作掩护，突然再换手到左切入后，再收球急停跳投。

整招用了两个假动作，左右依序大步快速一晃，然后向左切。

当使到本招最关键处（图3），其形如一只大蝗虫，扬翅正面袭来，以迅雷不及掩耳之势，从身旁呼啸而过，让对手毫无喘息余地，因此江湖称它“蝗虫过境”。

江湖公认活塞队的杜玛斯（Joe Dumas）守乔丹守得还不赖啦！

关于这点，杜玛斯终其一生却不曾听他公开承认过，至于事实如何？

乔丹在80年代末碰到这位身处出名使坏球队的惟一清流，曾亮出“天龙八步”中的招式给他一个“干脆”。但是，乔丹只使到天龙第四步——“蝗虫过境”，即轻描淡写般地轻松过关。

你说杜玛斯说话还会大声吗？

急停跳投

本招口诀：踏左　晃右　切左急停跳

图1

图2

图1、2　突然大步向左跨。

图3

图4

图3 左脚着地的同时肩膀向左一晃，立刻提右脚向右。
图4 右脚着地时，右手运球稍往外带，更增加向右佯切的真实性。

急停跳投

本招口诀：踏左 晃右 切左急停跳

图5

图6

图5、6 当诱引对手的重心偏移后，立刻换手运球向左。

本招使用关键

把运球基本功“单手左右运球”和“换手运球”练熟后，别忘记收球时保持重心平稳，那么，包你讲话很大声。

图7

图8

图7 过人后，如果对手仍然紧追不舍，可以右脚急踩刹车。
图8 就投篮位置后，立刻向后跳投。

天龙八步

天龙七步

天摇地动

「踏左晃右 踏左晃右 急停跳」

I am back！

1995年3月18日，乔丹在棒球场上玩了将近两年后，在全世界球迷殷殷期盼下说了一句：

“我回来了I am back！”

大伙高兴归高兴，但心中难免有一丝狐疑，这位全身沾满棒球尘埃的“前任球王”，人是回来了，但是魂也回来了吗？宝刀是否依旧？

面对全世界的一个大问号，乔丹挥挥衣袖，抖落一地灰尘，他只花了四场球赛的调整，就把全身那强调力量的棒球肌肉转变回注重协调的篮球肌肉。第五场在纽约的麦迪逊花园广场，乔丹擦亮了他那把万夫莫敌的屠龙刀，以5成68的投篮命中率，罚球11中10，狠砍55分，真正向全世界宣告：“I am back！”

那一两年，在极欲证明自己别来无恙的心情下，乔丹再度亮出他的拿手家当——天龙八步剑法，这次他使到了天龙第七步——“天摇地动”。

本招乃运球在对手正前方急停跳投的招式。利用天龙剑法的基本步——天龙太爷步，在对手正前方，以极快速的步伐，左右来回连晃三次共六步，再加上左脚收球靠拢一步（图8），合称本招“天龙七步”。

对手受困于此招时，只见眼前一阵黑影迅速左右摇晃，让人犹如置身云霄飞车上，一阵晕眩，但最后的结果是……乔丹哪儿都没去！就在你的正前方跳投。原来左三晃、右三晃的快速晃步佯切全都是虚招。

当你能抓到本招精髓时，告诉你一个好消息，再高的防守者，你一样可以如乔丹一般，很酷地照吃不误。

急停跳投

本招口诀：踏左晃右　踏左晃右　急停跳

图1、2　左脚向左前方一晃，踏出本招第一步。

图3 右脚立刻向右晃，踏出本招第二步。此时如果左脚靠拢，收球急停跳投，即是本招的基本步——天龙太爷步。

图4 左脚向左前方再晃一次，此乃本招第三步。

急停跳投

本招口诀：踏左晃右　踏左晃右　急停跳

图5

图6

图5　右脚向右前方再晃一次，此乃本招第四步。
图6　左脚向左前方再晃一次，此乃本招第五步。

本招使用关键

别想一步登天！先确定你已经能掌控天龙太爷步所释放出来的动能后，再来学本招！

图7 右脚向右前方再晃一次，此乃本招第六步。

图8 瞬间总共将天龙太爷步，连使三回后，左脚靠拢，收球急停跳投。

天龙八步

天龙八步

万箭穿心

「跳前点右晃右 踏左晃右踏左切右 踏左急停跳」

天龙八步缠身，犹如万箭穿心

当乔丹将天龙八步剑法飙到最高点，是何情景？

闭着眼睛，想像一下，一万枝箭射入心头是何滋味……

它不仅放倒对手，更足以毁人魂魄，永不超生，招性霸气甚重，完全不留情面，也因如此，乔丹极少亮出这压箱法宝来对付防守者。

记忆所及，乔丹惟一亮出本招的一次是在80年代末，当时的活塞队寨主托玛斯（Isiah Thomas）曾当过本招的剑下游魂。

至于为何苦主是托玛斯？这可是有点前因后果的。

与乔丹对招虽然如待宰羔羊，很难过，但往好处想，乔丹出招，通常能一刀毙命的，他绝不用两刀，保证给你一个“爽快”，除非，你把他惹毛了！

1989和1990两个赛季，也就是公牛王朝登基的前两年，乔丹不是没有机会拿冠军戒指，而是都栽在当时公认的最粗鲁的活塞队手下。

胜负原本是兵家常事，有赢就会有输。但乔丹这两年兵败活塞，心头可是郁闷到极点，原因出在活塞队赢他们的方法有点引人非议。

当时活塞队教头戴利对天发誓，绝不允许乔丹以一人之力，击败他们整支球队。他满脸杀气地召集活塞众肌肉棒子，到底特律近郊的土地公庙，杀鸡头呼口号，誓死要让那飞天小子折翼倒地。于是，发出前面已提过的“乔丹法则”追杀令，通缉乔丹——死活不论！

打死不服输的乔丹，面对此等公然挑衅，岂有示弱之理。两军一交战，只见他宝剑出鞘，招招见血封喉，尤其当面对活塞队主将托玛斯时，更是毫不留情面。因为之前托玛斯曾在一次明星赛中，串连各派掌门刻意冷落乔丹，有意无意地不传球给乔丹，以至于结下梁子。新仇加旧恨，飞天神牛终于将天龙八步剑法飙到最高点，祭出“万箭穿心”。

本招使用方法大致是，在离对手约三步距离位置，突然以右脚之力向前跳起逼进。右脚先往右前方着地，此乃天龙第一步，然后快速左右晃步三回共六步，加上运球过人的那一步，总汇天龙八步。

其势如后羿拉弓，连续射出八枝快箭，对手眨眼间往往被耍得晃头晃脑，颜面尽失。所以，江湖称“天龙八步缠身，犹如万箭穿心”。

急停跳投

本招口诀：跳前点右 踏左晃右 踏左晃右 踏左切右 急停跳

图1

图2

图1、2 以踮脚方式，往右前方跳起逼近，右脚先着地，此乃天龙第一步。

图3、4 突然加速左、右各晃一步，此乃天龙第二、三步。

急停跳投

本招口诀：跳前点右　踏左晃右　踏左晃右　踏左切右　急停跳

图5

图6

图5、6　再左、右各晃一步，此乃天龙第四、五步。

图7

图8

图7 左脚再向左晃步，此天龙第六步是本招最后一个假动作。

图8 右脚向右跨出。

急停跳投

本招口诀：跳前点右　踏左晃右　踏左晃右　踏左切右　急停跳

图9

图10

图9　左脚顺势闪过对手防线，此乃天龙第七、八步。

图11

图12

图10、11、12 快速切入，跳起空中收球。

急停跳投

本招口诀：跳前点右 踏左晃右 踏左晃右 踏左切右 急停跳

本招使用关键

非常熟练地原地快速踏步运球，运一次球踏一步。在你尚未确认球仍然掌控自如时，不要轻易使用本招，否则，保证你运了半天，球就不翼而飞。

图13

图13 急停斜飞跳投。

天龙八步补充说明

<声明在先>

本栏只供那些已经下定决心，立志当校队级以上的高手研究。兄弟如果缺乏耐心的话，此栏请略过不看！免得您慧根不够，看得满头雾水，却怪罪本宝典艰深难搞。

乔丹这套天龙八步追魂招式，总共三招，即天龙四步、天龙七步和天龙八步，要如何明确区别它们脚步的不同处呢？

Ok , No problem , 首先复习一下这三招的口诀：

1.天龙四步——蝗虫过境　　<踏左　晃右　切左　急停跳>

2.天龙七步——天摇地动　　<踏左晃右　踏左晃右　急停跳>

3.天龙八步——万箭穿心　　<跳前点右　踏左晃右　踏左晃右　踏左切右　急停跳>

发现没有？其中相同的地方都有“踏左晃右”的假动作，只是天龙四步做了一次“踏左晃右”，天龙七步做了三次，而天龙八步则是在做“踏左晃右”之前，先来一个“跳前点右”假动作。

不同的地方，在于收球时的出手方向，兵分三路，一向左、一向右、另一个在正前方起跳。

建议练习方法：

不妨将此二插图的脚形画在地上，先空手照着顺序打虚招，有助于熟练其中节奏。

Good luck to you！小乔丹！

从**降龙八掌**，能吸纳乔丹15种混元真气的 **能量变化表**

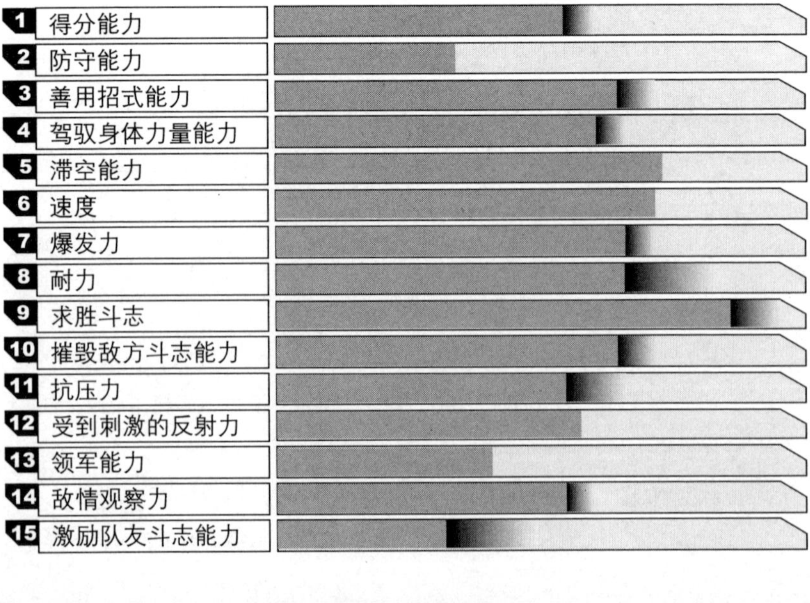

降龙八掌

第二章 切入

乔丹如何运球切入

乔丹的“降龙八掌”

乔丹(在中线运球)面对防守者，惯用的招式

第 1 掌	**画龙点睛**	切左	（右手运球）
第 2 掌	**神龙无相**	切左	（右手运球）
第 3 掌	**龙行僵尸步**	切右	（右手运球）
第 4 掌	**龙行蛇步**	切左	（右手运球）
第 5 掌	**弹趾神功**	切右	（右手运球）
第 6 掌	**龙行螃蟹步**	切左	（左手运球）
第 7 掌	**降龙在雷**	切右	（左手运球）
第 8 掌	**潜龙回身**	拉回	（右手运球）

“降龙八掌”乃乔丹正对防守者时的运球切入招式。这八掌中六招用右掌（右手运球），两招用左掌攻击。切右招式有三招，切左招式四招，再加上一招拉回跳投招式，总共八掌。

这八掌的劲力忽强忽弱，方向忽左忽右，速度忽缓忽快，出招忽实忽虚，从至刚之中借力使力，意生出至柔的妙用。

光是学其形并不难，但想发出如乔丹般刚柔并济的神奇掌力，则需学到这八掌的其中精髓。首先，记住**降龙八掌的心法——收放自如，游刃有余**，则当有事半功倍之效。

所谓收放自如，首先需熟练掌上基本盘球功夫，球随意走，动不离手。

当你已练到这基本要求后，对敌时攻击意志不可预设使用招式，不勉强出手，这是很高的攻击境界。招式使出中，完全视对手的步伐、重心移动、全场动态再决定下一步的攻击方法。如此一来，就没有所谓“对手已事先挡住你的攻击方向的窘境”，而只有被牵着团团转的份儿，在旁人看来，也就如行云流水般悠游自在，此即收放自如的意境。

至于所谓游刃有余，具体地讲即不管换手、急停、再走、转身、晃肩、蹬足、扭腰、上篮等，快慢节奏分明，但使力一律留二分。

如此一来，换手运球更有效率，急停跳投出手更稳，转身动作更顺畅，晃肩顿足假动作更逼真，空中扭腰使力更有节奏，三步上篮更不至于失去平衡而坐飞机。

从整体来看，静如处子，动如狡兔，动静快慢中，出招的每一动作都会让人备受威胁，最后一个收球投篮动作也不至于自乱阵脚，仓促出手，此即游刃有余的意境。

乔丹这降龙八掌，NBA众高手中会使其中数招的，多如过江之鲫，但能真正领悟此八字心法的却寥寥可数，这大概也是为什么乔丹被称为“篮球之神”，而其他人只被叫做“高手”的原因吧！

降龙八掌

第一掌

画龙点睛

「向右漫步　切左急停跳」

掌握乔丹出招的快慢节奏

画龙点睛位列降龙八掌的第一掌，也是最容易学、最实用的一招。你只要花10分钟熟悉其中步法，乔丹的影子立刻在你身后现身，如此经济又实惠的招式非学不可！

本招画龙点睛，基本的招式架构，只是从篮球基本的“变向换手运球”稍加修饰而已。但是，简单归简单，如果你能掌握以下几点要诀，则如虎添翼，从此一帆风顺，让你无风无浪过唐山。

本招使用要诀：

1.攻击方向。从中线带球往右慢走（图1、2的运球行进速度）。慢慢地来，因为这只是要引诱对手移位的前奏。

2.右脚向右踏（图3）。这步是本招关键处，步伐加大，速度突然变快，而且，在球弹起停留在右掌的时候，整个动作突然暂停些许。

目地是观察或等待对手移位过来，以便快速换手反向运球。

3.如果你能掌握图1、2、3、4这**慢→慢→快→停→快**的节奏，则对手保证被你甩得老远。

4.收球动作（图5、6），大可放慢速度。把重心调整好，从容出手，则命中率将大大提高。

想学得乔丹招式精髓，除了学其形之外，尚须掌握其快慢节奏，尤其是最后的收球动作，下盘必定非常稳固，然后才从容跳起。时间够的话，在跳起前就调整好重心，如果时间不够，则跳起在空中调整好再出手。

这就如一艘船，不管在大海摇摇晃晃多少次，可是当船身靠岸，欲提脚上岸的那一步，船身越稳则越妥当。

运球切人

本招口诀：向右漫步 切左急停跳

图1

图2

图1、2 运球漫步向右移。

图3

图4

图3 右脚突然加速大步向右踏出。

图4 着地后立刻刹车，拉长球在右掌的停留时间，等对手移动过来时，迅速换手向左运球。

运球切人

本招口诀：向右漫步 切左急停跳

图5

图6

图5 右脚着地时刹车收球。

图7

本招使用关键

要把本招使到一刀毙命的境界，
得先掌握图1、2、3、4
慢→慢→快→停→快的节奏

图6、7 调整好重心再跳起投篮。

降龙八掌

第二掌

神龙无相

「右脚向右　左脚加速弹出」

掌握乔丹获得速度的方法

乔丹曾经如此自述：

“当我高中毕业时，就已学会各种技巧，但那些招式花哨而不实用，是史密斯（乔丹大学时期的教练）让我开窍，他真正教会我如何比赛、如何获得速度、如何在实战中过人、如何在什么样的状态用什么样的招式。”

招式花哨虽然很迷人，但是会得分的才最可爱。

本书尽量以乔丹在不同状态、位置的方式，分析他常用什么招式，但读者是否能完全吸收乔丹招式精华，变成自己实战中实用的招式，这其中很大的关键在于你是否能掌握每招中乔丹获得速度的方法。

本招降龙第二掌“神龙无相”即是很好的例子。

从图1～图3的分解图看，乔丹只是抬右脚往右运球而已，读者如果不明其理，光学其形，依样画符，保证防守者仍然在你前头盯着看。

但是，为什么同样一个抬右脚动作，经乔丹之手，立刻菜刀变宝剑，削铁如泥？

关键在于图3。当乔丹正欲右脚大步向右大步跨出前，暗藏玄机，他将身体的重心突然全部移到左脚上，左脚再一使力，顺势反弹而出。

这道理就如踏上弹簧反弹出去一样，其刹那间获得的速度，已足够让防守者措手不及。

但整个动作在眨眼间完成，不细看仿佛招式化为无形，以意克敌，因此江湖称它为“神龙无相”。

运球切入

本招口诀：右脚向右　左脚加速弹出

图1

图2

图1　抬右脚慢慢往右前进。

图2　当右脚做势将着地前，突然将重心移回到左脚上。

图3

图4

图3 顺势重心下压，右脚大步弹出。

图4 这种刹那间的反弹加速，立刻让他占住切入的有利位置。

运球切人

本招口诀：右脚向右　左脚加速弹出

图5

图6

图5　突破第一关后，收球时重心保持很低。

本招使用关键

“神龙无相”仿佛招式化为无形，以意克敌，神得很。其实说穿了不值钱，掌握那弹簧的原理，本招就是你的！

图 7

图6、7 让他得以再蕴蓄充沛能量，当高高飞起时，可以在空中调整重心端篮得分。

降龙八掌

第三掌

龙行僵尸步

「双脚跳前　晃左切右」

身拥降龙八掌，不怕高个儿来

乔丹觉悟到棒球一点儿都不好玩，回到篮球场后，轻松写意，又顺利带领公牛连拿了三枚冠军戒指。这三次总冠军战，一次对西雅图超音速队，两次碰到爵士队。

1996年对超音速队时，虽然超音速队的“手套”佩顿在当时江湖上，公认是NBA最佳防守五人之一，但一卯上乔丹，补左漏右，防下空上，应接不暇，连其著名的垃圾话都没机会喘口气说。卡尔教头在旁一看不妙，以为问题出在他193厘米的身高上，曾经试图调上德国来的第一好手施拉姆夫（Detlef Schrempf）守守看。此君身长208厘米，人高马壮，防守卖命，身手敏捷。卡尔教头调此大前锋“配”人家的得分后卫，似有以大欺小之嫌。可惜，再怎么大，一碰上乔丹就全部失灵。

乔丹岂是碰到高个子就没辙之辈？

骚扰

乔丹在对付身材比他矮或差不多的防守者时，他喜欢站在限制区附近，接球后以背对防守者的招式，如彩虹七剑、飞龙五刀等，慢慢吃死对方。如果敌队派出的是如施拉姆夫之流，企图以身高优势封阻乔丹的威力，他则转为以正对防守者的招式，如降龙八掌从外围出招。

再高的对手，碰到他变换发出的降龙八掌，直到他退休为止，没有人敢放话说不怕！

这意思是说，只要你好好的学成降龙八掌，今后碰到高你10厘米的大个儿正面交锋时，你还是可以照样将他生吞活剥。

打篮球最大乐趣为何？

这岂不是最爽的事之一？！

所谓“僵尸步”，

乃正对防守者的一种攻击步。

过程是，先运球逼进→右脚用力向前跳起→左脚先着地后，顺势往左晃→立刻反向切。

原理是先逼进对手则容易切入，再利用跳起着地后的反弹力取得速度，一晃反向切。也因招式中双脚同时向前跳的动作犹如僵尸移位，威力见血封喉，故得名“僵尸步”。

运球切人

本招口诀：双脚跳前　晃左切右

图1　运球慢慢逼近防守者，把节奏放慢。

图2、3 左脚往前踏出，着地时，突然用力向防守者正面跳起，双脚腾空。

图3

图4

图4 左脚先着地，左肩向左一晃，左脚一使力，右脚立刻大步向右跨。

运球切人

本招口诀：双脚跳前　晃左切右

图5

图6

图5　突破防线后立刻收球。

本招使用关键

熟练“僵尸步”的步法：1.先运球逼进。2.右脚用力往前跳。3.左脚着地后往左晃。4.立刻反向切。

图6、7 以左脚跳起，举球在上作势跳投，当补位者跳起封阻时，挺腰顺势将球带到右边，端篮取分。

降龙八掌

第四掌 龙走蛇步

「双脚跳右　踏右切左」

好用的招式，人人拿来用

本招“龙走蛇步”和上一招“龙行僵尸步”是归属同类的招式。

它们的共同点都是“运球向前跳起逼进”。

不同点：

“龙行僵尸步”是向正前方或左前方跳，以左脚着地，然后晃左切右。

“龙走蛇步”则是向右前方跳，也是左脚先着地，但右脚迅速向右大步一蹬，晃右换手切左。因其行进过程刚好呈“S”型，犹如蛇行，因此得名“蛇步”。

说到“运球向前跳起逼进”的攻击步，在NBA高手云集的江湖，善用此法者大有人在。辅佐乔丹拿下六枚冠军戒指的“大镖客”皮蓬是最明显例子之一。他在中线右手运球面对防守者单挑时，几乎一半是祭出此法。

但因他交替使用“龙行僵尸步”和“龙走蛇步”，加上“龙走蛇步”的行进路径不是一成不变地走S型，在本招图2右脚大步跨右时，实际上也有充足动力往右切。

因此，起手式虽然一样，中途换招却多变，永远不怕将招式用老，以至于让对手洞悉切入方向。

其他惯用此招者，如“完美先生”希尔（Grant Hill）、助攻王斯托克顿（John Stockton）、范·艾克塞尔（Nick Van Exel）等皆是此法的忠实拥护者。

原因除了好用、实用外，另一好处则是，此步伐在招式使出过程中，可抬头挺胸，视野广阔，洞悉全场敌我动态，随时可切可传可投，没有视野死角，好处多多，自然就变成控球后卫的必备招式。

运球切人

本招口诀：双脚跳右　踏右切左

图1

图2

图1　用左脚之力，向右前方跳起，诱使对方移位防守。

图2　左脚先着地，右脚突然加速紧接着向右大步一蹬，此时，右手掌却置于球的右侧，让球有“粘”在手掌的感觉。

图3

图4

图3 一看对手跟着移过来后，立刻变向往左，换手运球突破第一关。

图4、5 注意前方补位者的方向，准备收球应付。

运球切人

本招口诀：双脚跳右　踏右切左

图5

图6

图6　收球时，以左脚跳起的这一步，一定要踏的扎实，才有足够动力在空中变换出手点。

本招使用关键

熟练“龙走蛇步”的步法。

图7 先举球在上假跳投，但身体在空中仍向前继续滑进。

图8 当已滑行飞过对手后，拉球下来再出手。

降龙八掌

第五掌 弹趾神功

「右脚踏右 身体拉回 左脚弹出」

乔丹的出招境界，几乎已化为无形

乔丹此招著名的“弹趾神功”是从运球基本功“急停再走”稍加变化而来。

所谓“急停再走”运球基本动作，即在快速行进当中，前脚突然刹车，重心移回后脚后立刻再弹出，趁防守者刹那间下盘不稳之际，达到过人的目的。

此基本步经乔丹之手使出，动作不至于那么夸张，把招式隐藏于弹指之间，几乎化为无形。但他掌握住那急停拉回再弹出的最关键处，让他弹出的力量有拉弓射箭之势，却无明显的拉弓动作。

兄弟！你知道这意味着什么吗？

举一个拳击的例子可能比较容易理解。当某人欲举拳打你时，他那后摆举拳动作却让你有预警作用，而留有回避空间。但他挥拳的前置动作越小时，你中弹的可能性就越大，这也是为什么“刺拳”比“勾拳”容易得逞的原因。

相同道理，当你能如乔丹一样，将招式练到几乎化为无形，瞬间追魂，你才可以大声说：

“我会乔丹这招弹趾神功！”否则，你只能算是学会“急停再走”基本功而已。

注：关于“急停再走”基本运球图文，详见《达摩篮球秘笈——NBA顶尖高手绝招探秘》。

运球切人

本招口诀：右脚踏右　身体拉回　左脚弹出

图1

图2

图3

图1　右脚向右前方切。
图2　着地后刹车，身体突然拉回，
　　　重心移到左脚上。
图3　以左脚之力弹出，右脚大步向右切。

本招使用关键

将运球基本功“急停再走”练到球不离手后，自然会用本招了。

图4、5、6　快速闪过对手。

降龙八掌

第六掌

龙走螃蟹步

「螃蟹横走 急停跳」

乔丹的制胜一投会使出哪些招式?

乔丹在北卡罗莱纳大学初当球员的第一年，曾以一记制胜一投，助该校拿到NCAA总冠军。一战成名后，他那临别再见的一投，似乎从此变成一种“习惯”，成为NBA各球队最大的梦魇。

现在我们来分析一下乔丹在这生死立判的时刻，他大部分是使出哪些招式摆脱防守者，投出制胜一球的?

在最关键的时刻，乔丹必然面临以下几种状况:

1.乔丹势必面临比平常更加缠人的重兵防守。

2.教练员仍然要乔丹执行最后一击，因为他是最可信任的球员。

3.仅存的攻击时间，通常在10秒左右。

4.公牛队正处于落后二分或一分或平手的状态。

5.接球的位置，很难即是跳投的有

效距离。

6.承受极大的成败压力。

乔丹应付以上几种状况的方法是:

1.迂回走位，主动跑到外围要球，没有办法像平时一样窝在限制区旁，等着队友传球。

2.主动要求执行最后一击，这也是身为精神领袖应有的责任。最危急时刻，当仁不让，勇敢承担成败责任。

3.接球后运球找寻机会，并等到终场前约 7 秒才开始出招，并在终场前 3 秒出手投篮。万一失手，尚有抢到篮板再攻击一次的机会。

4.拿出最有把握、最不会有意外发生的招式。

OK，什么是乔丹最有把握的招式?

以笔者个人看法，乔丹对他的每一招式都很有把握。

所以，这句话算白问了。

那么，换个问法:

什么是乔丹认为最不会有意外发生的招式?

什么招式适合以上几种状况?

所谓意外状况，如抢断、被包夹、自己掉球、错失最佳进攻时刻等，都包括在内。所以，招式力求简单快速、能一枪毙命。

胯下运球的招式就免了，此时不宜耍花枪。

背对防守者的招式如“彩虹七剑”“飞龙五刀”也省了，因为这时是在外围接球，正对防守者。

持球切入的招式“飞鹰五爪”也不可能用，因为此时接球位置很难就是有效距离和最佳出手时机。

东扣西减，答案也快揭晓了，就剩他的“降龙八掌”最合时宜。

运球切入

本招口诀：螃蟹横走 急停跳

这八掌，正对防守者攻击，优点不多啦！视野广阔，可切可传可随时收招跳投，招式简单干脆，最无意外风险，所以，也变成乔丹在关键时刻的最佳选择。

1997年公牛队和爵士队冠军赛的第一场，乔丹在最后7秒开始发动最后一击，在终场铃响的刹那终结爵士队。那次乔丹“制胜一投”所用的招式，即是降龙八掌中的第六掌——龙走螃蟹步。

本招是乔丹以左手运球攻击的招式，关键在于向左横向跳起这起手式姿势（图2）。当你能掌握乔丹这运球节奏时，右脚使力往左一弹之前（图3），先向右晃肩，祭出一虚招，其势如火箭冲天，锐不可当，防守者往往应变不及，绊脚倒地。

图1

图1　左脚向左横跨，并横向跳起。

图2

图3

图2 随即右脚靠拢，但重心提起，
速度稍放慢。

图3 突然以右脚之力弹出，重心下降，
左脚大步向左继续横走。

运球切入

本招口诀：螃蟹横走　急停跳

图4

图5

图4　右脚一个交叉步跟进，着地急停刹车。
图5、6　左脚靠边时顺势收球投篮。

本招使用关键

熟练“龙走螃蟹步”的步法：
1.运球横跳
2.晃右切左
3.急停跳投。

图6

降龙八掌

第七掌 降龙在雷

「跳起 右脚蹬出 急停转身 后仰跳」

为什么同样一招，乔丹使来就

江湖人士可能有一个疑问，为什么同样一招，乔丹使来就特别管用？

其原因主要有两点：

1.乔丹善于取得招式中速度的来源。

2.乔丹招式，招中有招，变化莫测。

乔丹在招式使出时，非常善用其置后那只脚的蹬出之力，冲刺而出。

请把本宝典翻回去看看，光是他这“降龙八掌”中，第二掌——神龙无相、第四掌——龙走蛇步、第五掌——弹趾神功、第六掌——龙走螃蟹步，包括本招——降龙在雷，皆是如此，这也是事关这些招式是否管用的关键处。

“神龙无相”、“龙走蛇步”、“弹趾神功”都是左脚在后蹬出，“龙走螃蟹步”则以右脚在后蹬出。

乔丹使出本招“降龙在雷”时，化身为一阵雷电，凌空而下，轰击大地，威力之所以如此震撼，关键当跃起落地摆出金鸡独立之姿时（图4），置于后面的右脚利用反弹之力，向左蹬出。

大地一声雷，降龙云深处。

这道理很简单，乔丹利用的就是牛顿的地心引力原理——东西抛的越高，落地反弹的力量就越强。而其势却如一道闪电，在打到地面上后，大地为之风云变色。

这些用后面那只脚蹬出的力量，就是这些招式获取速度的来源。

加上乔丹以右脚大步跨进（图6），实际上已成功突破对方防线。这时乔丹还有三种选择：

可直接切入篮下，也可如第六掌“龙走螃蟹步”般就地收球跳投，也可刹车转身后以他号称世界五大奇观之一的“后仰跳投”出手。

本招乔丹用的是第三种选择。

光说就够你翻着本宝典团团转，花个三五分钟才弄得懂，更何况防守者面对的是电光火石般的变化。你说同样的一招，经乔丹之手，为什么就这么管用！？

运球切入

本招口诀：跳起 右脚蹬出 急停转身 后仰跳

图1

图2

图1 左手运球，右脚向左踏一步。

图2 以右脚之力，往左跳起先晃个虚招。

图3 向地上运球之际，右脚再向左踏少许，让对手以为乔丹是企图往左切，却又好像是故意摆出的“障眼法”。

图4 当球从地上弹起时，右脚使力跃起，现出此“金龙独立”的起手式。

运球切人

本招口诀：跳起 右脚蹬出 急停转身 后仰跳

图5

图6

图5 当整个身体重量从空降下时，以右脚着地并顺势弹起，左脚如一颗子弹，向左前方冲出。

图6 右脚跟着全速跨过。

图7

图8

图7 乔丹出招，永远让你出乎意料之外，他右脚硬是踩住刹车，反向转身。

图8 右脚靠到左脚旁后，立刻收球。

本招口诀：跳起 右脚蹬出 急停转身 后仰跳

图9、10 使出拿手绝招——后仰跳投。跳起后，在空中将身体调整到正对篮筐后，再从容出手。

图10

本招使用关键

本招几乎汇集乔丹六大神功之精华于一招，想把它使得像乔丹那么神……很难！

但是，用心体会乔丹后面那只脚的蹬出力量。当你能领悟到他获取速度的来源后，你还是有希望的啦！

降龙八掌

第八掌

潜龙回身

「弯腰切右　右脚急停　拉回跳投」

乔丹的最后一击

1997、1998年的6月初夏，全世界最倒霉的篮球运动员当属爵士队的拉塞尔（Bryon Russell）。

这两年爵士队在“大货柜”卡尔·马龙和“助攻王”斯托克顿的带领下，全队踌躇满志，试图一举推翻“公牛王朝”。

当然，要打破乔丹不败神话，首先得找一个经得起乔丹疲劳轰炸的球员挡第一关。能够中选的人着实不易，基本上应具备以下条件：

1.比乔丹高，移动速度一流。

2.耐磨不躁，百折不挠。

3.心脏够强，面对天下第一高手绝不手软脚软。

4.少说多做，尤其一些会激发乔丹战斗意志的垃圾话，一律闭嘴！

5.自身也是攻击高手，多少也折腾

一下乔丹的体力。

爵士队盘点库存，惟一勉强符合此五大要件者，首推拉塞尔。于是拉塞尔就被赶鸭子上架，硬着头皮在1997、1998连续两年的6月总冠军赛，站在第一线接受乔丹的炮火洗礼，并当选NBA6月份“炮灰先生”。

被乔丹耍弄也就罢了，反正谁没被乔丹耍弄过?

这事传出去，虽然脸上无光，但也不算太丢人，偏偏乔丹他老兄是以其著名的“制胜一投”，戏剧性地终结爵士队，而且他打到1998年后也不玩了。

是谁陪乔丹玩这最后一投的？当然又是拉塞尔!

于是，当乔丹在1999年初宣布封剑后，一时各报章媒体网络，又把对乔丹的最后回忆镜头，再次传遍全世界。镜头中乔丹在中线弯腰运球，漫步向右带，突然宝剑出鞘，右脚一个箭步，一股剑气向右杀入，瞬间已突破防线，剑锋在拉塞尔胸口划了一刀，拉塞尔屏住伤口，咬牙拼死回防之际，乔丹却右脚急停，跳一步拉回，再砍拉塞尔一刀，收球回身就投。

此招即乔丹“降龙八掌”中的第八掌——潜龙回身。

当镜头定格在此时，乔丹一如以往，气定神闲地飞起跳投，眉宇间丝毫嗅不出总冠军赛生死一投的紧张，谈笑间，最后一击以一记制胜球画下他NBA篮球生涯的句点。

然而镜头下，陪伴他的是连中两刀的拉塞尔，带着惊慌无助的眼神，不支倒地。惨啊!

不过，说句公道话，拉塞尔确实是一名勇将，并非他不中用，就坏在他碰到的人名唤乔丹。一对阵，犹如菜刀碰到武士刀，哪砍得过人家！然而乔丹这最后一击的镜头被制作成海报到处张贴，这位被乔丹耍的满地找牙的仁兄，却不幸当上最佳男配角。

但换个角度往好处想想，当别人问起，你败给谁？

就如打高尔夫球败给“老虎”，打网球被桑普拉斯痛宰，或是被马奎尔敲出第70号全垒打一样，谁敢笑你？！

再说乔丹投“制胜一球”这回事，那也不算什么新闻，从1984年咱们乔老大现身NBA以来，季赛和季后赛共打了1109场，其中就有25场球赛因他的制胜一投，使公牛队超前或反败为胜。有幸陪天下第一高手玩最后一投，身为这百年话题的惟一男配角，其实是自娱娱人，也不失幸运。

图1

图1　抬左脚向右漫步运球。

图2

图3

图2 右脚跟进到一半时，突然加速向右突击。
图3 弯腰继续运球突破防线。

运球切入

本招口诀：弯腰切右　右脚急停　拉回跳投

图4

图5

图4　一看防守者拼死回防，加上限制区内其他敌手势必使尽一切手段封阻此一关键球，乔丹胸有成竹，右脚突然急踩刹车。

本招使用关键

掌握本招的快、慢、急停、拉回等节奏，你的背后才会出现乔丹的影子。

图6

图7

图5、6 拉回跳一步收球。
这即是他在关键时刻，为了确保稳当投球的一招。
图7 徐徐弓身瞄准再出手。

从**单挡四枪**，能吸纳乔丹15种混元真气的 **能量变化表**

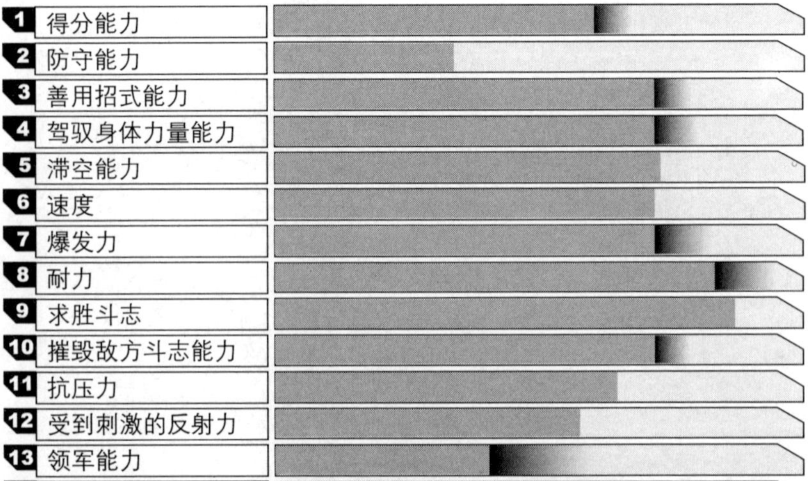

单挡四抢

第三章 单挡

乔丹如何利用掩护出手

乔丹的“单挡四枪”

为什么马龙的单挡，科比不领情?

说到掩护进攻，也就是单挡，在1998年初的NBA东西明星对抗赛发生了这么一个小故事：

当时科比·布莱恩特（Kobe Bryant）虽只是NBA两年菜鸟，但一身神龙活现的身手，人气已直逼乔丹，以19岁之龄竟荣登明星先发五员之一。

赛中，科比运球准备秀一手单吃好戏时，同样打西区明星队的卡尔·马龙（Karl Malone）一时好心，上前想做个单挡掩护，谁知科比少年得志，技高气粗，竟脱口一句：

“闪开！我自己干！”

热脸碰上冷屁股，当场把马龙叔叔气得脸红脖子粗。

马龙何许人也？当年可是惟一有资格和乔丹抢季赛MVP的NBA大哥大，为什么科比会不领情，嫌他挡路?

的确，单挡战术对一名单打高手，有时候真的会嫌太挤。

别的不说，一对一单挑时，砍了一个前面就海阔天空，任你飞翔。但当队友趋近做单挡掩护时，却也多引来一名防守者。一下子，前面变成三人，在彼此默契不足，加上本身又不习惯利用单挡发动攻击时，生不了鸡蛋，却拉了一堆屎，的确倒不如拉开防守者让科比单打，来得清静一点。

但单打所耗体力较多。以乔丹来讲，他面临的又往往是二人以上的防守者粘着他不放的状态，有时，接个球都要大费周章，绕好几步路才拿得到球。因此，替乔丹节省一点体力，帮他做个单挡，有时是有其必要的。

前面举科比和马龙这段小插曲，引出了一个课题：

如何善用队友的单挡掩护发动攻击？

用得顺，得分更轻松。用不顺，碍手碍脚。这可是一门大学问。

本单元，节录几招乔丹利用单挡做掩护的攻击招式，让有心人士一窥其中奥妙。

第一枪　断桥出林

第二枪　隔山打牛

第三枪　借风取箭

（飞鹰第五爪，本招详见飞鹰六爪中的后羿射日前四图）

第四枪　借火驱狼（转身三步走之一）

单挡四枪

第一枪

断桥出林

「挡右切右」

天下之大，舍我其谁

单挡的基本原理，简单地讲，就是队友帮你挡左就切左，挡右则切右。挡的人，挡到就切，造成两人都有空当机会。

爵士队在1996~1997和1997~1998年，由“大货柜”卡尔·马龙和NBA助攻王斯托克顿合力演出，就凭借这招人人都说会的挡切战术（Pick And Roll）闯遍全江湖，连续两年率领大军一路过关斩将，杀到总冠军战才兵败芝加哥。

尤其1998年季后赛与湖人队争西区决赛时，更令人印象深刻。当年，湖人队气焰高涨至极，阵中拥有20世纪末天下第一中锋奥尼尔、飞天小子科比·布莱恩特、埃迪·琼斯等一干天才型球星。论才气，拿到桌上一个一个比，天赋皆高出一截。比武器，每人都身拥全世界最先进的“卫星导弹”装备。

但是，一碰上爵士队就……

天啊！让人不敢相信那是事实，竟然犹如大军误入越南丛林。只见马龙和斯托克顿运用挡切战术，就像合拿一只老式步枪，钢盔也不用带了，就和湖人玩起最原始的丛林游击战。

交战结果，湖人队龙困浅滩，断电当机，如中了超级大病毒般，全军覆没，被爵士队以4比0扫地出门。其死状之惨，可从每人睁着大眼的惊惶眼神看出，临死前仍然无法相信这是事实。

这大概是篮球史上“挡切战术”的最高境界了！

既然这是一个简单又实用的战法，当然以乔丹领军的公牛队也会用。不过，戏法人人会变，巧妙却各有不同，经由乔丹之手演出，味道可也全然不同。

不同在哪里？

1.乔丹利用单挡过人后，很少传给那位帮他又挡又切的队友，大部分都是自己独干。

2.乔丹不会完全依循前面所提的正统挡切战术走位原则“挡左就切左、挡右就切右”。

关于第一点，可别误会乔丹是恋球贪功之辈。一来，乔丹本身就是20世纪最精密的武器。二来，帮他单挡的队友，不是澳洲来的朗利，就是“变色虫”罗德曼，都是子弹不上膛的防卫武士，传与不传之间，还是大局为重，得分为先。

试想，古往今来历代开国人物，哪一个不是具备“天下之大，舍我其谁”的人格特质，想成大事立大业，有时独霸是必要的手段。

单挡

本招口诀：挡右切右

关于第二点，这可是本单元的重头戏。乔丹巧妙地利用单挡掩护，当欺敌诱敌武器，轻松过人。其欺敌之意，手法之妙，让人拍案叫绝。

大体上有四招，本招先介绍最正统的“挡右切右”。

方法：队友在右侧帮你挡住防守者，就依势往右切。

但此法因方向一看便知，势必立刻引来补位者挡住第二关，这时，乔丹立刻展开“僵尸步”，向右跳起横飞，左脚先行着地后，左肩向左晃了一下，右脚立刻大步向右，一个闪身，放倒补位中锋。

图1

图1 利用队友的单挡掩护，运球向右。
图2 闪过第一关后，立刻使出“僵尸步”对付补位中锋。

图2

图3

图3、4 左脚先行着地后，左肩向左晃了一下，右脚立刻大步向右。

单挡

本招口诀：挡右切右

图4

图5

图5　全速抢占右切有利位置。

本招使用关键

掌控全场动态，即时理出最佳攻击方向，然后祭出最有效的招式。

图6

图6 重心压低，同时收球，右脚积极踏上篮第二步后，飞起挑篮。

单挡四枪

第二枪 隔山打牛

「交叉掩护　踏右切左」

料敌之意，反向而走

乔丹利用队友掩护的这四招，除了第一招是依队友挡住的方向切外，另外三招都是“料敌之意，反向而走”的招式，这才是最精华之处。

所谓“料敌之意，反向而走”，说白了，就是在防守者的主观意识里，被挡到的那边，持球进攻者必定往那边切进，于是包括后面的补位防守者，势必不自觉地将身体重心移往那边补位，但乔丹却往往作出佯顺其意，却突然变向切入，在猝不及防下，得一空当，轻松出手得分。

本招“隔山打牛”就是依此作战原则，在队友掩护下，使出他的降龙第一掌——画龙点睛。

将自身拿手绝招，不露痕迹地融入队友的单挡掩护，这除了需要经验和冷静的头脑外，运球进攻过程中，眼观六路，看清敌队防守招数，谋定而后动，这也是乔丹大师出手特色之一。

单挡

本招口诀：交叉掩护　踏右切左

图1

图2

图1　一见队友上前掩护，漫步运球与他交叉而过。

图2　队友交叉而过，虽没有真的挡到人，但因此造成的时间差，已达到掩护的效果。

图3

图4

图3 乔丹右脚交叉步而过时，已摆出“画龙点睛”的起手式，但宝剑尚未出鞘，他在等待……

图4 等待防守者，甚至包括随时会支持补位的人，全都移过来时，才突然压低重心，将全身的支撑置于右脚上。

单挡

本招口诀：交叉掩护　踏右切左

图5

图6

图5　咻！地一声，一阵掌风突然往左飞去，防守者猝不及防。

图6　换手运球，让防守者反方向扑个大空。

图7

本招使用关键

掌握降龙第一掌“画龙点睛”的快慢节奏。

图8

图7 以右脚急停并以此脚为轴，左脚靠边时收球。
图8 从容收球急停跳投。

单挡四枪

第四枪

借火驱狼

「右边单挡　晃右切左　转身三步走」

双剑齐出，绝不虚发

在前面持球切入单元中提到，持球切入前的欺敌动作不外三个方向，向右、向左、向上，也就是“梅花三弄”三个基本招式。

本招“借火驱狼”是乔丹对付第一关所做的欺敌动作。除了借队友趋前挡住右侧，让防守者潜意识地认为乔丹会往挡到的那边切之外，乔丹同时又摆出他持球切入的“梅花二弄”起手式——假右切。

双剑齐出，绝无虚发。防守者在刹那间，心里想的和眼睛看到的，都是乔丹正欲往右切的迹象，这也是当乔丹使出“梅花二弄”——晃右切左时，如利刃切豆腐，一划即过，对手无不身中二剑，当场倒地。

当乔丹嘴吐长舌沿着左边线运球杀进，面对上前补位的第二关，他则祭出一招“悟空翻云”——转身三步走。这是一招转身收球后，顺势以三步上篮方式的攻击招式，而不是以一般我们常见的转身收球后原地出手。

说到“悟空翻云”，有一典故，而且乔丹同样用此招式，却有三条不同的夺命路径。此招式在下一单元介绍，在此不赘述。

单挡

本招口诀：右边单挡 晃右切左 转身三步走

图1

图2

图1 接球时，一看队友正上前想帮自己做单挡，心中盘算用什么招式。

图2 当队友已挡好右侧的同时，乔丹突然压低重心，球置右侧，右脚向右一蹬，摆出“梅花二弄”佯右切的起手式。

图3 立刻出招，变向往左切。

图4、5、6 是这招“悟空翻云”——转身三步走的三步曲。首先是图4，当左手往地上运球时，左膝尽量弯曲，速度减缓。

单挡

本招口诀：右边单挡 晃右切左 转身三步走

图5

图6

图5 当球从地上弹起，左手接触球时，右脚往前着地，踩住刹车。

图6 趁防守者反应不及，在往底线滑去之时，以右脚为轴心脚，收球转身。

图7 但收球不停步，转身而过的左脚变成上篮的第二步，继续往篮下前进。

如此一转一走，立刻将防守者甩出十万八千里，以挑篮登堂入室。

本招使用关键

“悟空翻云”转身三步走，是动作简单又很实用的招式。私下里将步法练个10次，马上“乔丹附身”。

从**悟空翻云**，能吸纳乔丹15种混元真气的**能量变化表**

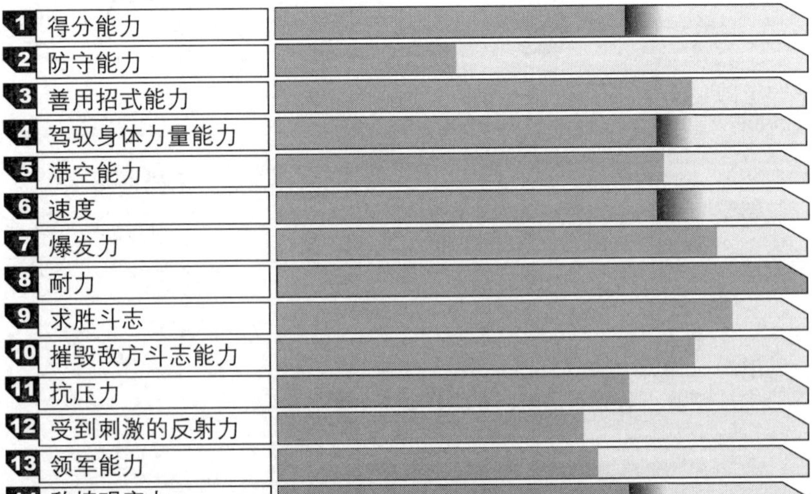

悟空翻云

第四章 转身

乔丹转身三步走的三条致命路径

乔丹的“悟空翻云”

“魔术师”约翰逊使出什么招式，把乔丹甩出三步远？

谈起“悟空翻云”这招，应该先讲一个故事：

90年代的第一个赛季，公牛队在乔丹的带领下，第一次杀入总冠军大战，面对的是一代控球宗师魔术师约翰逊所领军的湖人队。当时，“魔术师”约翰逊正处于技术和经验的最高峰，一手听音辨位、千手佛来的传球神功，打遍天下无敌手，堪称百年来的第一传球大师。加上队中名将如云，“快腿”沃西（Worthy）、“左轮神枪”珀金斯（Sam Perkins）、长脚又刁钻且身高七英尺一的中锋迪瓦克（Vlade Divac），个个都是独当一面，喊水能结冰的名角。

反观公牛群呢？

当年溜马的“大嘴”米勒（Reggie Miller）如此说道：“除了乔丹，公牛队有啥？我跟你讲吧！啥都没有！”

米勒以说话尖酸刻薄出名，此话是过分一点。但平心而论，当时皮蓬的确刚刚从青涩年华转成“大人”。牛角初长成，虽然会顶人了，但第一次面临这种总冠军大场面，总是令人担心他是否会紧张得临阵缩角。

于是，在七战四胜的总冠军赛第一战，乔丹本着擒贼先擒王，一手扛起防守魔术师约翰逊的重责大任。

守得如何？

各派评论家众说纷纭，不过有两件事，倒是明摆着的事实。一是乔丹为了死守“魔术师”，在终场前5分31秒时，犯规已达五次。二是魔术师在这场与乔丹的世纪单挑对决中，曾现出一招转身招式，将乔丹骗得冲到一边，离他三步远，并轻松切入得分。

乔丹何许人也？除了得分能力举世无双外，他的防守能力当时也是NBA最佳防守球员的得主。魔术师约翰逊到底玩的什么把戏，能把乔丹甩出三步远？

“悟空翻云”是也！

我们都知道，魔术师约翰逊攻击招式的特色是，接球时不管是背对篮筐还是面向篮筐，当他开始发动攻击时，习惯摆出背对防守者的起手式，然后使出他名贯天下的“五步追魂”，在虚晃几步后，突然转身出手。

“悟空翻云”是“五步追魂”的其中变招之一，只是这招在将对手重心骗向左边，突然变向，向右转身收球时，顺势以三步上篮方式代替一般我们常看到的停球方式。它的特点是，在转身骗过对手后，以三步上篮步伐，迅速甩开防守者。

这就是为什么这招的威力如此强大，能把一代球王乔丹骗得那么惨的原因。

然而，乔丹天资聪颖，如此绝妙好招，一看即通，岂有不纳为己用的道理？

没过多久，江湖人士就常常可以在三条致命路径上看到乔丹以“悟空翻云”这招横扫千军。

转身三步走

这也就是本单元介绍的“悟空翻云”转身三步走的三条夺命路径。

这三条夺命路径，如路径图所示：

路径<1>在上一招“借火驱狼”的后半段已图解说过，切到左边底线，然后转身突入篮下。

路径<2>在左边45° 角，转身突入。

路径<3>从右边45° 角运球至罚球线附近，转身突入篮下。

（本招详细图解在下一单元——乔丹的一打二招式）

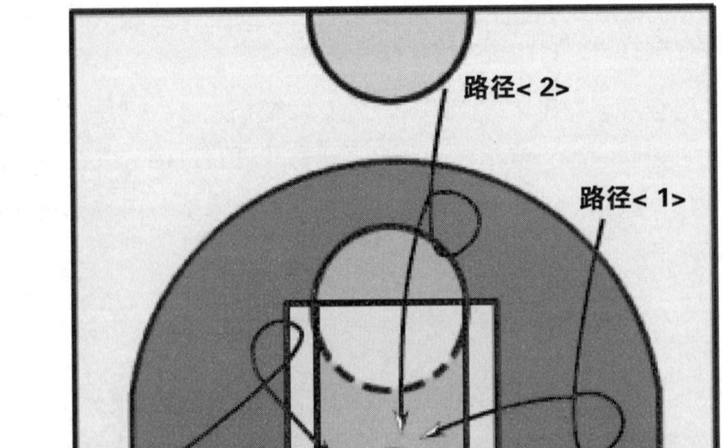

23

从**一石二鸟**，能吸纳乔丹15种混元真气的**能量变化表**

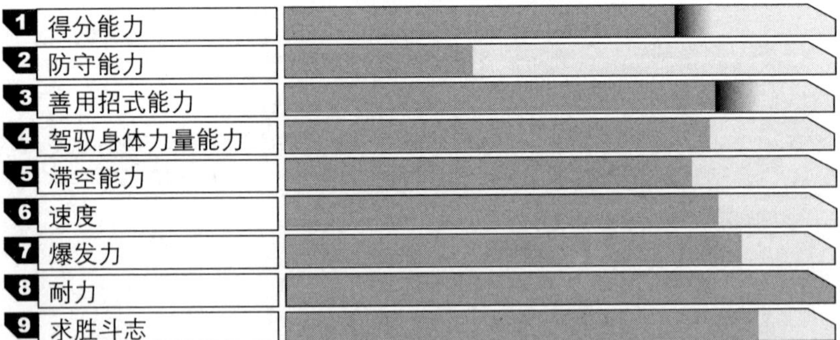

一石二鸟

第五章 一打二

乔丹面对双人包夹时，惯用的一打二招式

NBA有这么一条篮球规则，对于持球者可以两人防守一人，也就是双人包夹（Double Play）。

乔丹既然身为NBA得分王，比赛中当然常常一拿到球，剑未出鞘就引来两人团团围住。

乔丹如何同时对付两个人呢?

大原则大致有三，所用的都是前面已介绍过的招式：

1.拉开切中——悟空翻云

2.避重就轻——黄狗脱水

3.假拒真迎——蓝云见日

一石二鸟

第一招 拉开切中

「悟空翻云」

乔丹使用招式，讲究对症下药

医生开处方，讲究对症下药。对则药到病除，用错处方，搞得不好可能药到命除。

使用招式也是如此。讲究不同状况，不同对手，用不同的招式。

对付高个子，拉到外围攻其下盘（切入）。对付矮个儿，则可侵身直攻天灵盖。最忌讳拿着一把牛刀杀小鸡，或拿着美工刀去切猪肉。

结论就是，要使出适当的招式，应付不同的状况。

面对双人包夹时，对于一般人来说，此时最好的处理球方式应该是传，传给空当处的队友，

乔丹当然也会这么做。

同时对付两人？

这在篮球项目里是行不通的！

只是乔丹并非一般寻常百姓，他可是天下第一剑！因此，当他心情特别好时，或是在情况危急有必要行其“独霸”之风以成大事时，他会正面迎敌，以一砍二。

这时，他亮出来的拨云见日招式，有三个对敌战略：

1.拉开切中。

2.避重就轻。

3.假拒真迎。

本招是乔丹使出的第一种战略——拉开切中的方法。至于实际执行的战术，即是前面刚介绍过的“悟空翻云”——转身三步走。

所谓拉开切中，即当遭受双人包夹时，乔丹先运球向罚球区附近走，引诱原来的那位防守球员跟着移位。此时，两位防守者很自然地必将拉开一定距离。这时，再借“悟空翻云”——转身三步走的步伐，从中乘隙切入。

一打二

本招口诀：悟空翻云

图1

图2

图1　一拿球，立刻引来敌队中锋上前包夹。

图2　乔丹见状，运球往罚球区附近，避免后路被夹击。

图3

图4

图3 并借机拉大战斗范围,让两名防守者之间距离拉大。

图4 当球运起时,右脚踏出“悟空翻云”最关键的一步,状似前进,实则急停刹车。

一打二

本招口诀：悟空翻云

图5

图6

图5　左脚欲转身时，屁股已占住转身切入的有利位置。

图6　紧贴一名防守者，使出“转身三步走”步伐，从隙缝钻入。

图7、8　用右手轻松挑篮得分。

图 7

本招使用关键

巧妙拉开双人包夹的空隙，以“悟空翻云”如刀切豆腐般，一刀两断。

图 8

一石二鸟

第二招

避重就轻

「黄狗脱水」

乔丹的转身跳投，为什么极少

乔丹同时对付两人的第二种战略是避重就轻。

所谓避重就轻，就是当发觉第二个防守者正赶过来包夹时，运球往其相反方向走，在其尚未及时到位包夹时，已转身跳投，避开被包夹的窘境，往敌方弱边进攻。

依此最高作战原则，乔丹本招祭出的是他右边45°角，背对防守者所使用的“彩虹七剑”之第三剑——黄狗脱水。本招正好对症下药，是此时克敌制胜妙招。

另外，值得细心留意的是，在本招图3，当乔丹双脚腾空往中线运起时，他的眼睛同时注意两个地方。一是防守者的移位动态，二是正上前赶来凑热闹的另一防守者。尤其是其一，因为防守者的移位动态是乔丹在双脚着地后，决

被封盖?

定到底是要顺时针还是逆时针转身的主要依据。

决定顺时针转身，则左脚先着地，并以此脚为转身用力脚。

如果决定逆时针转身，则以右脚着地当用力脚。

为什么要注意这个?

看官须知，乔丹身高198厘米，以NBA的标准，这只能算中下等级。一般NBA高手在使用转身跳投招式时，只要一个闪失，被识破出手点，后果通常都是死状凄惨的大封盖。但是，我们几乎很少看到乔丹在转身出手时，这种被逮个正着的镜头，关键就在此!

因为乔丹完全是看对手当时的重心移动状态，才临时决定往哪个方向转身，加上他利用轴心脚转身的瞬间，加速极快，所以往往防守者发觉不对时，乔丹已飞在半空中出手，更别谈封盖了。

一打二

本招口诀：黄狗脱水

图1

图2

图1 运球向内推进。
图2 右脚跨一步运球，佯向中路切。
图3 球弹起时，双脚同时跳起，继续往中路移，眼睛注视着防守者移动状态。

图3

图4

图4　一见已诱使防守者重心跟着移动，加上另一防守者正冲过来包夹，乔丹立刻决定以左脚着地当轴心脚，摆出“黄狗脱水”的起手式。

一打二

本招口诀：黄狗脱水

图5

图6

图5　右脚使劲一弹，迅速转身而过。
图6　右脚转进后，立刻压低重心，摆出跳投姿势。

本招使用关键

见机行事，避开防守强边，
以“黄狗脱水”甩开包夹。

一石二鸟 避·重·就·轻

图7

图8

图7 往后跳起时，顺势将身体调整到正对篮筐。

图8 出手刹那，右脚已略向前，平衡住重心，这也是乔丹出手很稳的秘诀。

一石二鸟

第三招 假拒真迎

「蓝云见日」

赢在对方的刀口上

两军对峙，如果你想彻底击垮敌方斗志，并让对手由衷佩服你，乔丹用的方法很管用，就怕你学不来。

他的方法是，针对敌方最强边，不迂回，不躲闪，正面迎头痛击！

拿着倚天剑对着对方的屠龙刀砍，完全是“真正的男子汉”气魄。砍输了，大不了二十年后又是一条好汉。砍赢了，对方也耍不出更好的把戏了，保证他输得服服帖帖。

嘿嘿！以上说的是台面上的表象，台面下，乔丹可是暗藏玄机……

须知乔丹对敌要诀在于一个“巧”字。就拿本招来说，当他面临双人包夹时，表面上看来，他是来硬的，带球直往防守二人的中间杀入，实则杀入前他做出一个假拒真迎的动作，这也是本招为何出手平淡，却能克敌于重兵之地的关键所在。

所谓假拒真迎：

当面临包夹防守时，使出状似前一招“黄狗脱水”的步伐，假装想“避重就轻”，实则是使出“彩虹七剑”之第五剑——蓝云见日。见缝插针，钻入重围，挑篮而出。

图1

图1 眼观中场，牵制欲上前包夹的防守者，让他在包夹与否间，陷入两难。

一打三

本招口诀：蓝云见日

图2

图3

图2　不动声色，往地上运球。

图3　球弹起时，身体跟着往上带，左脚顺势往底线方向移。

图4

图5

图4　左脚着地时，突然加快节奏，头和肩膀逆时针方向晃一下，同时收球。此即状似“黄狗脱水”的虚招。

图5　立刻提右脚，反方向大步杀进。

一打二

本招口诀：蓝云见日

图6

图7

图6　左脚跟着靠齐后，停球弯腰，状似已经要就地拔剑。
图7　却突然收剑，右肩往对手身体贴。

图8

图9

本招使用关键

趁着双人包夹阵势未站稳时，见缝插针，突破防守阵线。

图8　乔丹赶紧以右脚为轴心脚，提左脚弯腰往防守者的腋下钻入。

图9　双脚同时跳起，挺腰挑篮。

从**流星四快**，能吸纳乔丹15种混元真气的**能量变化表**

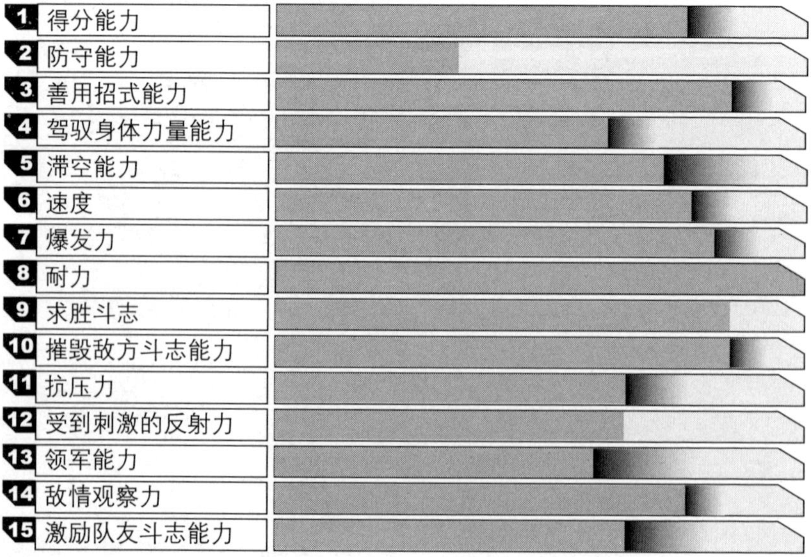

流星四快

第六章 快攻

乔丹如何快攻

简单、迅速、犀利、有效，是乔丹选择快攻招式的原则。他比较常用的快攻招式如下：

第一快 仙人指路　左翼
第二快 猛龙过江　左翼
第三快 画龙点睛　右翼
第四快 神龙吐珠　右翼

两招从左翼，两招从右翼前进，其中“画龙点睛”一招已在前面的“降龙八掌”单元中的第一掌介绍过，在此不再另行重述。

流星四快

第一快

仙人指路

「跨左切右　急停单脚跳」

乔丹的快攻招式强调快、狠、准

所谓快攻，即趁敌回防未及时，攻其不备。

因此，乔丹在快攻时强调快、狠、准三字诀，一刀就毙命，见血即封喉，招式中的假动作几乎都只有一个，绝不拖泥带水。

另外，快攻时运球的推进路线，以从两翼进攻较佳。本章节录乔丹四招快攻的招式中，两招从左翼杀入，两招从右翼，都是一般球员学得来又很实用的招式。

第一招仙人指路，是乔丹从左翼进攻时常用的一招。使用时机是当防守者已挡在前面，占据有利位置时，乔丹运球从其侧边挺进，诱敌移位挡路，左脚再突然加速往左跨一大步，让对手不自觉顺其势偏移重心。

乔丹使用本招的关键即是，逮住对方此时所露出的瞬间破绽，左脚着地立刻突施暗劲，提脚往右切。

所以本招简单一句话，是佯左切右，再急停骑马射箭的招式。

图 1

快攻

本招口诀：跨左切右　急停单脚跳

图2

图3

图1　　刻意从左翼推进，诱使对手移过来防守。
图2、3　左脚突然加速往左大步一蹬。

本招使用关键

往左快速运球，引诱对手移位过来后，突然变向往右，再急停跳投。

流星四快

仙·人·指·路

图4

图5

图6

图4 诱使防守者移位过来之际，逆向往右切。

图5 一看切入的方向已经站满了人，左脚踩刹车，重心压低。

图6 打消切入篮下的念头，以骑马射箭之姿，单手持球投篮。

流星四快

第二快 猛龙过江

「假切左 往右横飞」

为什么乔丹在快攻上篮时，很

当我们面对一位正欲运球快攻上篮的球员，如果能正确判断其行进路线，先其一步占住位置，让进攻者措手不及，在对手无路可走的情况下，是很有机会制造进攻者被吹带球撞人的。

90年代“公牛王朝”末期的皮蓬、罗德曼，都是施展此苦肉计的个中高手。他们的预知能力和脚步移动速度都高人一等，但两人充当这种“肉饼”的风格却不同。皮蓬摆出来的是一副老实人的样子，他胸前虽然横肉不多，却大都结结实实挨一记，以换来一个带球撞人，让爱护他的球迷，看得心疼不已。

罗德曼的表演可就更绝了。他老兄总是装出一副风中残烛的模样，一吹即灭，一碰即倒。有时更夸张，未撞先倒，倒后则祭出女人撒娇三宝，一哭二闹三上吊，又哭又啼，似被非礼，裁判往往一时眼花“从容”就范。

但是，不管任何一位施展此招的高手，一碰到乔丹就一律无效！

为什么？

关键在于乔丹在收球上篮时，那神奇的第二步。

图3，当乔丹上篮的第二步，以左脚着地，正欲抬右脚飞起时，事实上他有三条选择路径。第一条往右边，第二条往左，第三条则是急停垂直跳，完全视临场状况再择其一，巧妙闪过人肉路障。

那本招乔丹所面对的临场状况又如何呢？

图3，防守者A跳起封住乔丹上空，第三条路径不用考虑。防守者B是由左往右方向前来占位，乔丹如果选择第二条往左的路径，恐怕两人就撞个正着了。所以，就是第一条路径啦！

方法：

举球在左上方，仿佛洒出一个烟雾迷阵，让防守者A误认是要往上跳，让防守者B以为是要往左切，乔丹却抬脚一跳，从美国东岸横越落基山脉，在美国西岸上空才出手，其弹性之佳，百年才能出一个。

快攻

本招口诀：假切左 往右横飞

图1

图2

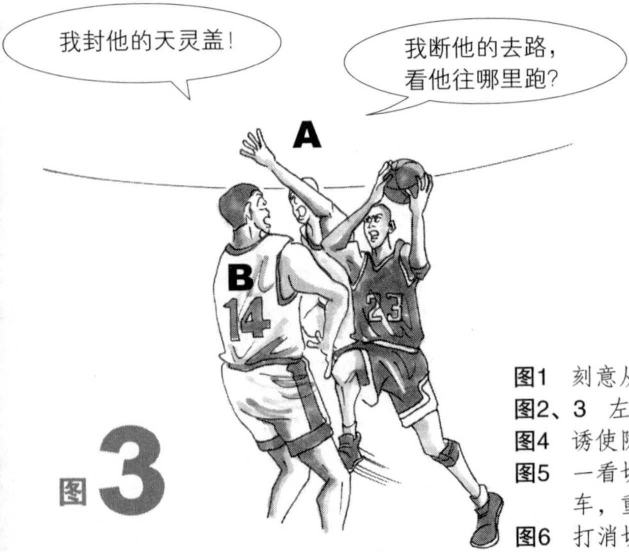

图3

图1 刻意从左翼推进，诱使对手移过来防守。

图2、3 左脚突然加速往左大步一蹬。

图4 诱使防守者移位过来之际，逆向往右切。

图5 一看切入的方向已经站满了人，左脚踩刹车，重心压低。

图6 打消切入篮下的念头，以骑马射箭之姿，单手持球投篮。

图4

图5

图6

流星四快

第四快

神龙吐珠

「往右横飞 挺腰端篮」

乔丹魔障——乔丹的吸星大法

乔丹有一股致命的吸引力，不仅让队友，而且也会让对手不自觉地欣赏他的表演。

这种吸引力会导致队友产生严重的依赖感，也会使敌队从内心深处失去与他对抗的斗志。

所以……它很致命！

而他吸引周围敌队球员的原因，在于他的招式不仅管用，而且好看。

用“好看”二字来形容乔丹的演出，其实明显太草率。具体地说，应该是简直令人赏心悦目到极点！

如云一般，悠游自在，却遇山则绕。如风一般，变化莫测，却碰壁就转。其用招之巧，让人拍案叫绝，其形之美，令人叹为观止，他是人类自发明篮球这玩意儿百年以来的第一奇观。

无怪乎甚至连乔丹和队友的私下例行练习时，他的队友们都会不知不觉地放下手边的事，睁着大眼欣赏乔丹的即兴演出。也无怪乎，当魔术师约翰逊在1991年与乔丹血拼冠军战中，会差一点儿为乔丹的神奇演出鼓掌叫好。

我们可以为乔丹这种致命的吸引力取个名称，谓“乔丹魔障”！

就以本招来说，它是乔丹从右翼挺进的快攻招式。当防守者早已大脚一张，防线拉的如万里长城般那么长，看似完全堵住乔丹的去路，他却如一阵清风，徐徐而来，在即将撞墙时，利用他神奇的上篮第二步，瞬间转向往右飞过，再挺腰续航，如神龙吐珠般挑篮得分。

一样是得 2 分，但经由乔丹的诠释，意义却很不一样！

快攻

本招口诀：往右横飞　挺腰端篮

图1

图2

图3

图1　左手运球，准备收球上篮。

图2　上篮时左脚第二步着地要降低重心，球置左侧，眼睛盯着对手看。

图3、4　突然转向往右前方飞去，举球在上，犹如即将出手。

图5　收剑挺腰斜飞，伸出单手挑篮。

图4

本招使用关键

上篮第二步，重心压低，突然斜飞。

图5

从**吸星三法**，能吸纳乔丹15种混元真气的**能量变化表**

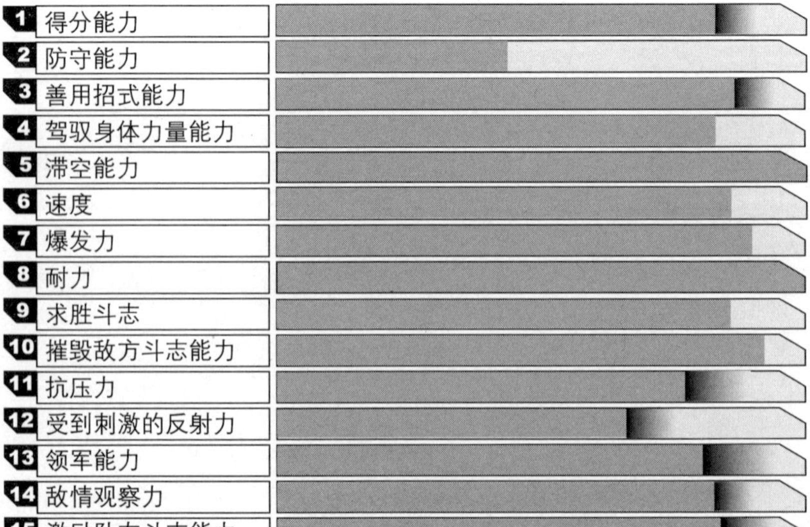

吸星三法

第七章 助攻

乔丹如何传球助攻

乔丹的“吸星三法”

乔丹明白比赛的最大意义，在于球赛的胜负，而不是个人得分的多寡。

1.金龙摆尾→假投压入
2.龙走螃蟹步→跳起传外
3.黄狗脱水→假投传外

乔丹如何消除队友的“乔丹魔障”

杰克逊还在公牛队任助理教练时，就试图跟乔丹沟通一个观念——所谓优秀球员，不在于他得多少分，而在于他能让队友的火力提升多少。杰克逊笃信禅学，说起话来也是禅言禅语，不亲身吃过苦头，这话可不容易懂。

乔丹从1984~1985赛季进入NBA到1990年止，个人凭着一身上帝神功，名号确实已轰动武林，惊动万教。但是，六年的血汗却换不到球队最珍贵的冠军戒指。历史以成败论英雄，于是江湖上一堆闲言闲语，恼人清梦。有人批评公牛队是“一人球队”，或说乔丹不如魔术师约翰逊及伯德具有无私的精神和大将风范。还有，智慧嘛……也不够等等。

然而，连续几年在季后赛的关键时刻，公牛弟兄们临阵缩角，就如幼儿一碰到陌生环境就紧缠着母亲双手般，拿到球只会匆匆往乔丹身上送，却无人勇敢地站出来，适时分担责任，这确实也是尴尬的事实，当然这也是受到“乔丹魔障”影响的症候群。

这时，乔丹才深刻体会到，单凭一已之力就想建立一个王朝，那是不可能的！他必须激发弟兄们的潜能，提升他们的作战能力。

乔丹的方法为何？

1.放牛吃草。

这方法可够绝，他会明显地闪到一边，给队友们发挥的机会。当队友们将球传到他手上，他立即回传出去，赶鸭子上架，而且在关键球赛中也不例外。因为，弟兄们要提升的不仅是球技，还要有夺冠的胆识！

2.全力支持助理教练温特所研发的三角攻势（Triangle Offense）。

此法强调每个人都能发动进攻，每个人都须把球队的胜利置于个人荣耀之上。事实上，笔者个人认为，当时此法最大的功效是为消除“乔丹魔障”，让公牛群在分担责任上，有一明确的依循战法。

3.适时传球助攻。

这里我们所说的助攻，是乔丹事实上可以独干，心里也可能认为自己出手比较有把握，但他却刻意将球传出，为队友制造得分机会。

为什么？

球员在场上的心理有时是很微妙的，当你在场上仍无法驾御内心的紧张和掌握比赛节奏时，那种感觉你会觉得像个傻瓜一样。可是，当你开始得 2 分后，而且是经由天下第一高手的传球助攻，你可能立刻从球赛中回魂过来，马上进入状况，而这种感觉是“我够格与天下第一高手并肩作战！”的一份自信。

解铃还需系铃人，乔丹常常利用这些方法，刻意压低自己的锋芒，以建立队友们的自信心，让他们相信自己也是一流的。本单元介绍的就是乔丹这种传球助攻的招式。

吸星三法

第一法

金龙摆尾

「假投压入」

乔丹的跳起传球

本单元节录的三招传球招式，都是乔丹在作出过人动作后，跳起在空中传球的招式。

这种跳在空中再传球的动作，在一般正规教练的眼里是不符合常规的，关于这点，曾有这么一个小故事：

话说1984年，乔丹入选美国奥运篮球代表队，在赛前训练中，教练们发现乔丹在受到包夹防守时，常常跳在半空才再找队友传球。当时乔丹初出茅庐，在教练们的眼里，不过是另一个打的还不赖的美国球员之一。

哔哔哔……

连着三声哨响，教头着实不客气地鸣笛中止练习，并说：

“小伙子！这动作不对！”

的确，这种传球方式，在时间(Timing)上是极不利的，只要其他防守球员事先洞悉他的传球路线，或故意设下空当陷阱，很容易被抢断。

然而，就如乔丹历任的教练警告他，不要把舌头伸出嘴，否则有一天得在球场地板上找舌头。最后，教练们都放弃对他的纠正。

为什么？

因为他们发觉乔丹的确不同凡响！他可以在空中停留很长时间，并成功地传球或投篮，丝毫不会发生失误。当然这应归功于他超人的弹跳力。

本招是乔丹在限制区右边，以他最惯用的“金龙摆尾”招式（飞龙五刀之第一刀），在转身后仰跳投之际，虽然乔丹大可自行砍了，但是，当他发觉队友切入时露出空当，他不假思索地在空中用压入的方式，给队友制造得分机会。

助攻

本招口诀：假投压入

图1

图2

图1、2 运球往中线走。

图3 球弹起之际，右手将球顺势往后上方提，身体跟着提起。

图4 借右脚着地后蹬起之力，取得转身之速度。

助攻

本招口诀：假投压入

图5

图6

图7

图5 左脚紧依着对手跨出。
图6 后仰跳起时，在空中调整重心，摆出跳投姿势，但一看队友正切入篮下，于是乔丹临时收招，以手腕之力将球压下传给队友。
图7 队友接获乔丹妙传，轻松得分。

吸星三法

第二法

龙走螃蟹步

「跳起传外」

乔丹得到队友尊敬的原因

就在乔丹光环的照射下，整个90年代的“公牛王朝”时代，公牛群里前后蕴育了不少犀利的牛角，大家耳熟能详的皮蓬、格兰特（Horace Grant）当然不在话下。但是，笔者个人认为，尤其最难能可贵的是帕克森（John Paxson）和科尔（Steve Kerr）。

此二人的基本条件，不论身高、速度、弹跳力、运球技术等，都实在很难将他们跟NBA的标准联想在一起，但他们却分别在公牛队六次的夺冠战役中，立下不可磨灭的功绩。原因是他们都练就一手原地三分神投功夫，而在以乔丹为主轴的攻击阵容中，他们这项本领发挥了很大的牵制作用，它让敌队不敢肆无忌惮地包夹乔丹！

由他们身上我们见证了一个启示——天生我才必有用，只要你能勇敢站出来！

本招即是活生生的事实。

1997年与爵士队冠军战的第6场，终场前11秒，双方人马杀得难分难解，以86比86暂时平手，进攻权在公牛队手上。一如既往，球交到乔丹手上，准备由他操刀，执行他拿手的“制胜一投”。

紧盯他的仍然是1997年6月份的“炮灰先生”拉塞尔。现场空气中弥漫着令人窒息的气氛，乔丹却气定神闲，不疾不缓地使出他在关键时刻惯用的“降龙八掌”。

这次他祭出的是降龙第六掌——龙走螃蟹步！

拉塞尔这位仁兄一见此招，全身一股麻意直透骨里，因为在同年的冠军赛第一场中，乔丹就是用此招在他面前投出制胜一球，终结爵士队的。

刻骨铭心的记忆，让拉塞尔下意识地移位堵在本招的左切路线上，心中暗自发誓：“我绝不在同样一招的刀下，当两次冤魂！”

然而，在旁的队友斯托克顿可一点都没信心，三步当两步走，在乔丹正要收招出手之际，死命趋前包夹，因为，这球要是让乔丹投进的话，他在NBA十几年来梦寐以求，最接近实现冠军梦的一次，将一棒梦碎，立刻收拾书包放暑假。

这时，科尔的空当出现了，乔丹也不吝啬，在空中反手一抖，将这可以让他再添历史一页的机会，随手交给队友，而科尔也把握良机，写下他一生最甜美的记忆。

给队友机会，不吝与队友分享荣耀。乔丹能得到队友的由衷尊敬，由此可知其因。

助攻

本招口诀：跳起传外

图1　离终场剩11秒，乔丹准备执行最后一击。
图2、3　使出“龙走螃蟹步”的步伐，左脚移、右脚靠。

图3

图4

图4 但在右脚着地时，突然右肩跟着向右一晃，却立刻向左大步横切。
此佯右切的动作，乃本招过人之精髓所在。

助攻

本招口诀：跳起传外

图5

图6

图5、6　过人后，立即准备收招跳投，拉塞尔拼死上前一搏，斯托克顿见状，也赶紧趋前包夹。

图7

图8

图7、8 乔丹轻易突破包夹，起身跳投。

本招口诀：跳起传外

图9

图10

图9 但瞥眼一瞧，队友科尔所在的空当似乎更好，于是反手一抖，传将出去。

本招使用关键

图4，肩膀突然右晃的佯右切的动作，乃本招过人之精髓所在。

图10、11 科尔毫不手软，接球就出手，写下他一生最甜美的记忆。

吸星三法

第三法 黄狗脱水

「假投传外」

“乔丹光环”护身，功力倍增

在乔丹的光环护身下，公牛群的弟兄们武功倍增三成！

这种说法，有人半信半疑地点头称是，有人可能不以为然，然而，事实可以检验真理：

皮蓬在公牛队时，江湖人士给予的评语是，在球场内，球技全面堪称天下第二高手，是公牛队“三角战术”的发动机，也是此战术是否能发挥功效的关键人物。球场外，是乔牛群之间的润滑剂，此等球员打着灯笼何处找？

澳洲来的中锋朗利（Luc Longley），身高216厘米，虽然手脚不快，子弹不上膛，但中规中矩，在堂堂“公牛王朝”里充当先发五虎中锋，倒也站得四平八稳。

“变色虫”罗德曼桀骜不驯，不按常规出牌，未到公牛队报到前，空有一身篮板王绝技，远看似人君，近看是“灾难”，几乎无人可以驾御。但一到公牛队，虽然偶而擦枪走火，基本上还算乖乖地尽其所能，让公牛队的篮板吃下一颗定心丸。

至于科尔（Steve Kerr）的三分火力，在公牛队里全面发扬，前面已提过，不用再加着墨。

这些人在公牛队时，如鱼得水，每个人都趾高气扬，神龙活现。但是，当乔丹一封剑退休，树倒猢狲散，他们同时离开公牛队后，看看他们……

转眼间，如出水之鱼，朗利和科尔奄奄一息，皮蓬尽失天下第二高手的身手，罗德曼好不容易降格以求，才委屈地得到湖人队以屈屈美金一百万银两收容，但小虫一入湖人大门，直唱：“其实你不懂我的心……！”老毛病变本加厉，两三下就被湖人当败战替罪羔羊开除。

然后，我们再回头想想，同样“活跳跳”一个人，在公牛队时“哪会是这样”？

当乔丹在1997年赢得第五个冠军戒指，以及第五个冠军赛MVP，成为NBA史上荣膺冠军赛最有价值球员次数最多者时，乔丹搭着皮蓬的肩膀，当场感性地高唱：

“他不重，他是我的兄弟！”并且表示：“没有皮蓬的帮忙，我不可能有今天！因此，我留下MVP奖杯，不过奖励的跑车一定要送给皮蓬，因为，他就好像我的亲兄弟。”

皮蓬是不是因为乔丹真心与他分享荣耀，才让他由衷服气，情愿做人左右手，并才得以发挥所长？

朗利是否因为乔丹全力支持“三角战术”，才得以四平八稳？

助攻

本招口诀：假投传外

科尔是否因为乔丹常吸引两人包夹，并承蒙乔丹热情放送，才得以常在无人防守下，火力全开？

当罗德曼偶尔放纵地在赌城未归时，乔丹见怪不怪地替他说：“每个人都有权利选择他发泄情绪的方法。”

是不是因为乔丹这种站在对方立场的宽容态度，才让内心如大海孤舟的小虫，心悦诚服地在他的避风港努力做苦工？

如果以上问题，你说：“Yes !”的话，那么，如果你心中激荡着“大丈夫，当如是也！”的情怀，立志要像乔丹一样，建立一代王朝的话，告诉你，光学会乔丹的上帝球技是不够的，你还得学会乔丹领军的精髓，而且，别忘记，要发乎真心，否则无效！

本招是乔丹以“彩虹七剑”之第三剑——黄狗脱水，甩开对手，并吸引另一在底线的防守者上前包夹后，以跳起外传方式，为朗利制造得分机会。

吸星三法

黄·狗·脱·水

图1

图2

图1 放慢节奏，左脚慢慢踏出去。

图2 突然猛踩油门，右腿一蹬，左脚大步加速往中线运。

图3

图4

图3　　在右脚将着地时，脚跟向前，重心压得非常低。
图4、5 在右脚着地时，立刻刹车，左脚逆时针转身。

图5

图6

图6 以左脚为轴，立刻收球做势跳投。

助攻

本招口诀：假投传外

图7

图8

本招使用关键

乔丹转身速度之所以快如闪电，秘诀完全在于图2那右脚“脚跟向前”的动作。

图9

图7 这动作能引来原本在底线守朗利的防守者，趋前包夹。

图8 乔丹虽然可以自己投，但他空中收招，传给朗利出手。

图9 朗利得此空当，轻松出手得分。

从**如来神掌**，能吸纳乔丹15种混元真气的**能量变化表**

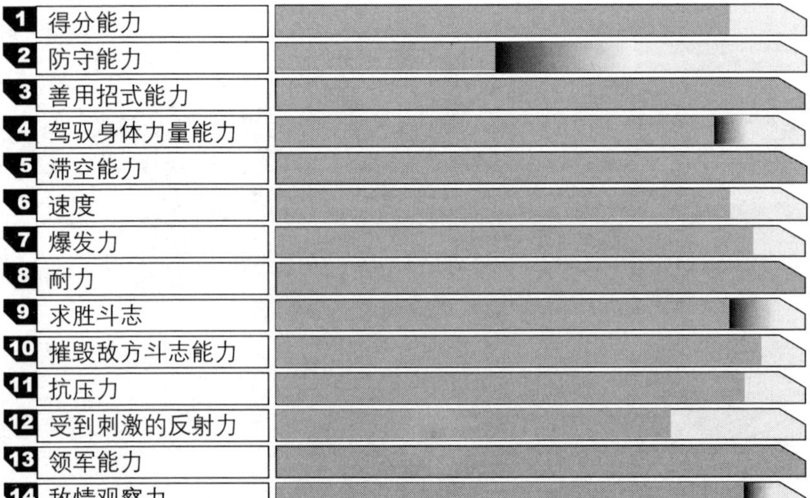

如来神掌

第八章 封盖

乔丹如何封盖

乔丹的“如来神掌”

洞悉对手的“出手点”是封盖的关键

乔丹身高198厘米，在NBA属于中等身材，但是他的封盖功力，不论何方神圣，没有人敢忽视。

他最具震撼性的一招“如来封盖神掌”，是从跳投者的右侧飞来，当投球者人在空中，球置头上，自认天高皇帝远，可以从容出手之际……“嘭”地一声，乔丹一只如来神掌，从后面一棒打来，受害者的眼神往往充满错愕和狐疑，心想：“这怪物到底从哪儿冒出来的？”

90年代最顶级的中锋，如“长臂猿”尤因（Patrick Ewing）、“非洲天王”奥拉朱旺（Hakeem Olajuwon）都曾经被乔丹这招轰炸过，他们都身高213厘米，But…… so what ?!

乔丹用事实告诉我们一件事：

盖帽儿？不好意思啦！不是长人的专利！

至于乔丹历年最高的封盖纪录，也是在1987~1988赛季，如来神掌共封了131次。那个赛季乔丹的各项攻守纪录，前面已提到得分35是历年第二高，抢断259次是历年最高。所以，如果要问乔丹的NBA生涯哪一年最神勇？就纪录表现来看，应是这年。

那乔丹的盖帽儿有何诀窍？

最突出一点，他很会抓别人的“出手点”。所谓“出手点”，就是不管你在投篮之前左晃右蹬、正转反翻般地变换，甚至跳在空中再扭腰折腾几下，最终，在某一时间的某一地方，总有一个出手的地方，我们可以称它为“出手点”。

这大概是因为乔丹精通五湖四海各派武功，你在他面前耍的招式，就像在如来佛面前翻跟斗，他一眼看穿，什么都不理，就在你的“出手点”等你，然后给你致命一掌。

这种预知对方意图的能力，后天努力可以弥补先天不足，只要你平日勤作“家庭作业”，将各路敌手的出招习惯记牢，小虾兵还是有可能冲倒龙王庙的。

本招乔丹示范的“如来神掌”，之所以能将进攻者一掌毙命，就是因为进攻者什么招式不用，偏偏耍了那招乔丹闭着眼睛也闻得出来的“金龙摆尾”。关公面前耍大刀，乔丹拭目以待，冷眼看着对手转身再后仰跳投时，弓身右脚一个箭步，一掌轰下，就好像早就在进攻者的“出手点”等他似的。

封盖

本招使用关键

平日勤作“家庭作业”，将各路敌手的出招习惯记牢，就能一眼看穿对手的进攻方向，逮到“出手点”。

图1

图2

图1　乔丹以手肘架住进攻者的背。

图2、3　一见对方转身使出“金龙摆尾”，乔丹先提左脚向前，站好炮轰位置，再跨右脚调整焦距。

图3

图4

图5

图4、5 跟着进攻者的后仰跳投，向前跳起，一掌封掉。

从**龙爪堵穴**，能吸纳乔丹15种混元真气的 **能量变化表**

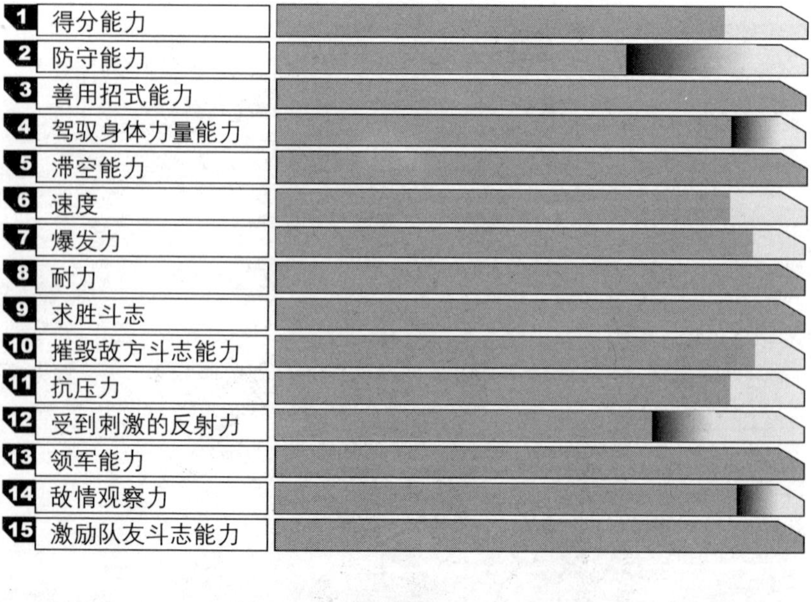

龙爪堵穴

第九章 占位

乔丹如何防守占位

乔丹的“龙爪堵穴”

“盖别人的帽儿，是打篮球最爽之事。”

爱好篮球者，大概都赞同这种说法。

为什么爽？因为很不容易嘛！盖帽儿远比得两分的难度大，就因为难得，心中愉悦之情当然难以掩饰。

重点就在这里，也因为很不容易，而且万一飞起来没盖到，后遗症可是一大堆。例如，立刻露出致命空当，或打手犯规保送对方上罚球线，甚或坐飞机摔得鼻青脸肿等。

因此，封盖虽爽，不必强求。在一般状况下，防守时只要能堵住对方进攻路线，并让对方投篮失手，就已算一次成功的防守了。

而这时最关键的一件事，就是如何防守占位？

防守占位强调比对方早一步占到进攻路线，这是裁判到底是吹“带球撞人”或吹“阻挡犯规”的惟一分界处。因此，预知进攻者意图的能力，又变成最重要的关键。

1997~1998赛季，也就是乔丹NBA生涯的最后一年，步行者队在“大鸟”伯德的带领下与公牛队争夺东区决赛。两军主将步行者队“大嘴”米勒和乔丹的单挑，是该戏的焦点所在。

如何防守米勒?

乔丹瞬间从大脑调出米勒的“终极档案”如下:

战力特征

1.三分远投超级准。

2.善投不善切。

警告

凡和他会过招的人,耳朵都有“长茧”之虑。

防守建议

1. 近身防守。

2. 千万记住带“耳罩”……@#$%#&★!

乔丹看完米勒个人档案后,清清耳屎,深吸一口气后徐徐吐出,从容与会。

果不其然,米勒不改其性。一拿到球,一口“垃圾话”对着乔丹吐将过来,乔丹理一理“耳罩”,心中有数,只以行动来证明他的大侠风范。

而乔丹示范的就是一招**预知进攻者意图,早一步抢占进攻路线,**造成米勒带球撞人的成功防守。

占位

图1

图2

图1 乔丹近身防守。

图2 米勒收球一个跨步，似乎要使出乔丹的拿手招式“金龙摆尾”。

图3

图4

图3 米勒一转身，即做一个假跳投动作，乔丹一看他重心并未站稳，不可能这时出手，径自紧追贴近。

图4 于是，左脚先行移至米勒脚跟处，堵住他跳投起身的方向。

占位

图5

图6

图5 米勒一看假跳投动作并未诱使乔丹跳起，竟左手肘前弓，打算霸王硬上弓。乔丹双手直竖并等米勒撞来。

图7

图8

图6、7、8 乔丹一撞即倒，赚得一带球撞人。

从**罚球**，能吸纳乔丹15种混元真气的 **能量变化表**

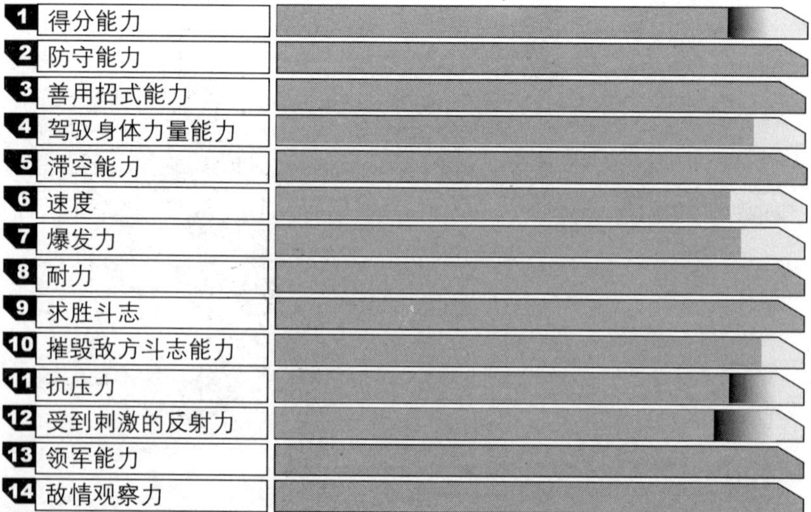

罚球

第十章 罚球

乔丹如何罚球

乔丹的罚球

有这么一个故事，大概是:

一个老师傅教小徒弟射箭，小徒弟拉满弓瞄着靶时，老师傅问：“你现在眼中看到了什么？”

“一颗树、一个大石头、一个靶，等一下……还有，天空一只小鸟飞过！”小徒弟答。

老师傅说：“放下弓，明天再练吧！”

小徒弟不解，但不敢问为什么突然喊停。

次日，同样时机，老师傅要小徒弟集中精神，并再问同一问题。

“一个靶，还有靶后面那颗树。”小徒弟再答。老师傅仍是说：“See you tomorrow 明天再来！”

如此直到小徒弟答：“我眼中只看到靶心。”老师傅才要小徒弟松手射箭，结果一箭中的。

这个故事我们能得到什么启示?

当你的心境能调整到“心无旁骛，了无牵挂”时，就是射箭的最佳状态，而篮球的罚球亦相同。

为什么?

1.因为那时全身肌肉将完全放松。

2.精神最集中。

以NBA的标准，罚球必须进，不进就要打屁股。但放眼江湖多少NBA高手，一世英名，却毁在这短短的罚球线上，只因在关键时刻，投偏一球或两球而功亏一篑。

1999年6月，身拥千万年薪的“太空飞鼠”斯塔达迈尔代表开拓者队与马刺队打西区决赛时，终场前12秒，站在这条罚球生死线上，当时开拓者队领先一分，他要是两球都进，则确保己队不输。无奈，他老兄心头小鹿乱撞，神色紧张。为了放松肌肉，他反常地将球在地板上连拍十几下才出手，结果是二罚中一，给马刺队一个反败为胜的契机。最后9秒，马刺队的埃利奥特（Sean Elliott）神来一笔，以一记踮着脚跳起的三分球，创造猪羊变色的大惊奇。

赛后，斯塔达迈尔痛不欲生地说：“我很懊恼，球员一辈子都在练习这种关键时刻的罚球，但当它真的来临时，我却无法做到。”

这就是一个活生生的例子。就笔者个人浅见，当你无法将心境真正调整到“心无旁骛，了无牵挂”的境界时，纵使赛前练投一万个球也没用。

但是，要达到这种忘我境界的确不易，这与每个人的天生个性关系颇大。乔丹那天生不紧张的个性，恐怕很难学，也许学学杰克逊（Phil Jackson），没事悟点禅理，或学瑜伽静坐洗涤一下心灵，听说有效。

然而，一旦碰到关乎生死的时刻，你说心头不会紧张，那都是骗人的。因此，退而求其次，学习如何在紧张时刻放松肌肉就显得尤为重要。

罚球前放松肌肉的方式，并没有一个公认的最好方法，只要你个人感觉很顺，那就行了。

每个人放松肌肉的方式也不尽相同。“助攻王”斯托克顿罚球的神态，笔者个人认为最让人放心。不管任何关键时刻，他的神态永远平静得像一潭死水。

他的爵士队友霍纳塞克（Jeff Hornacek）则每次赛完一场球，右脸颊必留下五爪痕迹，为什么？

难道他老婆非得每次到球场找他吵架？

非也！原因出在他老兄罚球前，非得摸一下他的右脸，否则就无法放松，你说那是标准姿势吗？不！

但他罚球准吗？不管刮风下雨，准的不得了！

卡尔·马龙放松心情的方法则更绝。罚球前嘴巴必喃喃自语，却没人知道他在念啥。小弟为了解开这谜底，特地专研唇语。经再三读唇，读出来的答案……有点奇怪，是“Baby, I need you !”

不过未经证实。

乔丹呢？

他罚球前的准备动作有两大目的，一是放松肌肉，二是增进球感。

方法：

图1、2、3，先持球往地板上拍两下，注意是以投篮握球的方式拍，感受投篮的感觉。

图1

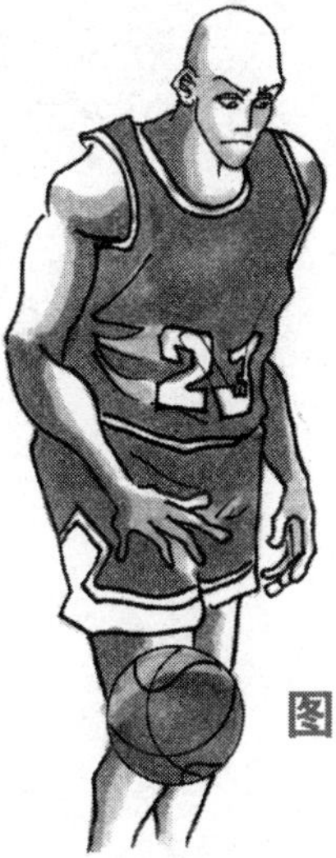

图2

图3

罚球

图4

以由外向内的旋转方向，在胸前抛球一次，再次感受球的重量。

图5

举头直视篮筐一会儿，吐一口气，以缓和情绪。

至于，投球时的姿势，乔丹以右脚在前，左脚略置后，双脚距离约与肩同宽。

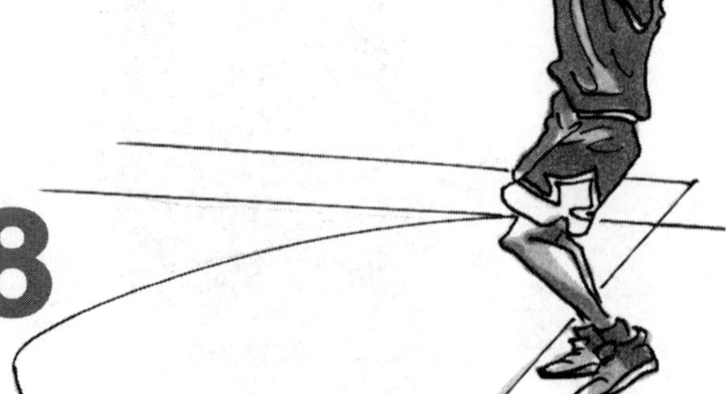

图8

图6

投球时，举球至头顶略右侧，肘正对篮筐，球置手指处，手掌心不接触球，瞄准篮筐后沿。

图7

出手时，以食指和中指往球下缘压下，让球在空中行进中，呈反方向旋转，手腕跟着下压后，手掌自然下垂。

从**飞龙在天**，能吸纳乔丹15种混元真气的**能量变化表**

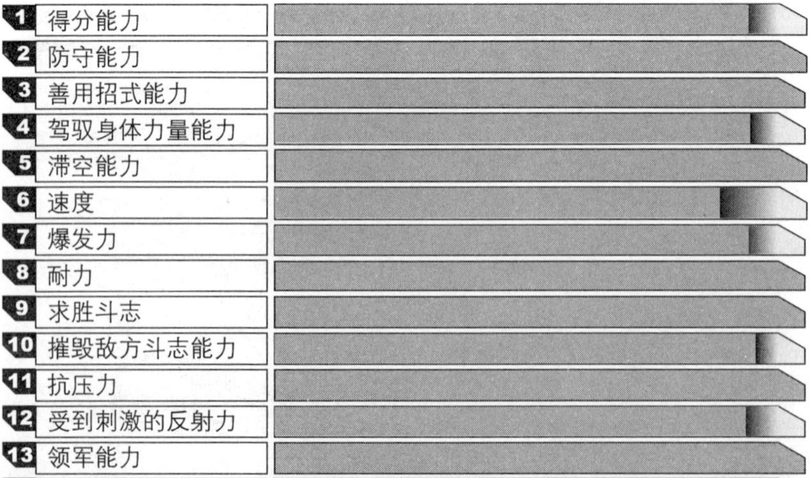

飞龙在天

第十一章 灌篮

乔丹的灌篮

飞龙在天

第一招 飞虹贯日

上帝派来教人类打篮球的人

1987年和1988年，NBA的天空出现一道百年仅见的流星，绚丽星影中，隐约看到乔丹化身成一只飞龙，在全明星灌篮大赛中，让世人见识到，原来篮球可以这么灌的！

从人类发明篮球百年历史中，真正超凡脱俗的灌篮高手，笔者个人认为只有两位，飞人乔丹和“J博士”朱利叶斯·欧文（Julius Erving）。

“J博士”飞起后，可以像跳远般双脚在空中走步，并单手抓球在腰下摇晃几回，才提球从篮筐俯冲而下，其势如腾空走路，江湖人士称他这招灌篮动作为“空中漫步”，更难得的是，“J博士”可在实战中信手拈来，平心而论，光以难度和创意来说，绝不亚于乔丹。

另一名勉强可与乔丹比一比灌篮的是“滑翔翼”德雷克斯勒。此人灌篮的风格就如其个性，如一架与世无争的滑翔机，悠闲地飞行，优雅地降落，美则美矣，就缺少那么点震憾力。

乔丹则把灌篮的三大要素——难度、创意、美感，诠释到完美的境界。最有名的招牌，即大伙耳熟能详地从罚球线跳起，在空中如飞鹰般翱翔，到篮筐前才如抓猎物般俯冲而下的招式。虽然J博士是第一个表演此招的人，但乔丹在美感的表现上，实在无人企及。

本招“飞虹贯日”是乔丹在1987年灌篮大赛中表演的其中一招，如一只冲天炮旱地拔葱，停在空中半秒后，刹时放出美丽烟火。

亲眼看到此景的人，老实讲，让人很难抗拒……马上爱上他！

事后，乔丹也睁着大眼说：“天啊！当我跳起正要灌篮之际，吓了一跳，我以为我的头会碰到篮筐呢！”

似乎，乔丹当晚也不知道，他被上帝附了身。

灌篮

图4

图5

图6

飞龙在天

第二招 飞龙在天

–留白–

乔丹伟大的程度，其实用任何文字描述都不够。最后一招“飞龙在天”，谨以留白方式，来表达对乔丹的永远景仰。

飞龙在天

图1

图2

图3

灌篮

图4

图5

后 记

从1984～1998年期间，对于爱好篮球的人们，是很幸运的。因为，他们有幸亲眼目睹乔丹在创造奇观，在写下神话。

然而，当一个人突然凭空受到宠爱时，最担心的是何时会失去它！

因为，岁月不饶人。

终于，全世界所有篮球迷最不愿意听到的一句话，由乔丹嘴里说出，时间是1999年1月13日。

乔丹宣布封剑！

听到这个消息后，看看其他人是如何说的。

“大鸟”伯德说：“对所有人来说，再也无法看到世界上最伟大的球员打球，是会很难过的。但对所有职业球员来说，都将面临这种决定，他认为时候到了。”

神奇油头教练赖利（Pat Riley）说：“NBA、球迷、教练、美国社会以及历史，他们失去的是一个前无古人的伟大而有影响力的球星。”

后有来者吗？令人怀疑。

“闪电精灵”艾弗森（Allen Iverson）一向目空一切，他却说：“我曾经和乔丹在球场怒目对视过，但是，我还是得看乔丹的精彩片段，来度过漫漫长夜。”

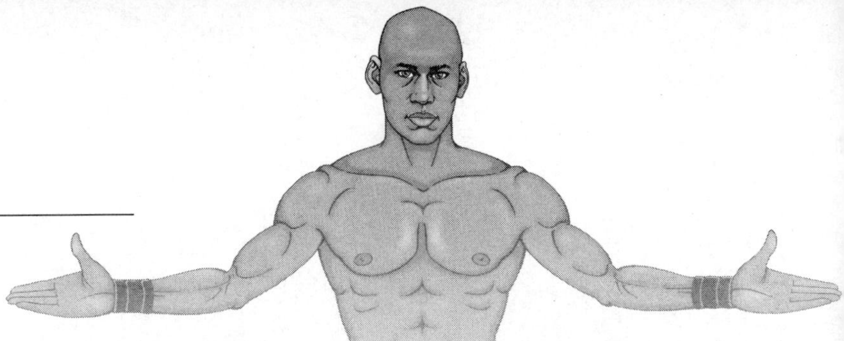

“大鲨鱼”奥尼尔笑着说：“我会告诉孙子我曾经和他打过球，我会怀念他在空中那些不可置信的动作。”

对于那些NBA高手们，击败乔丹是他们心中最大的荣耀，虽然没办到，他们以后仍然会荣幸地跟他们的孙子讲：“我曾经跟乔丹对阵过！”

2001年11月，当众人尚在调整没有乔丹的日子怎么过时，乔丹再度复出江湖！

天啊！以38岁高龄再度复出，他是何苦呢？

人们都为他捏把冷汗。试想，大家心目中的篮球之神被“核弹头”卡特（Vince Carter）骑到头上，或者被科比·布莱恩特（Kobe Bryant）戏耍，那将是多么难堪的画面！

乔丹却胸有成竹地说：“安啦！如果我不确定再度复出，仍然足以位列NBA前十大高手之内，我是不会义无反顾地复出的。”

这次复出，乔丹没有把他背后那双曾经笑傲天际的翅膀带来，他那把曾经削铁如泥的屠龙刀也只是使出七成功力，纵使如此，他仍然做到了！

38岁高龄，飞人乔丹依旧是NBA前十大高手，神奇吧？

本书尽量将乔丹最具代表性，而且学得来的招式，以分类汇整方式说明，并借由招式的解说中，让球迷具体了解乔丹不仅仅是个伟大球员而已，他筑梦的斗志、做人的胸襟、处事的格调、领军的才华，一样令人敬佩。

版权声明

原 书 书 名：乔丹篮球宝典（2）降龙八掌篇

原书出版者：台湾梅林出版社

地　　　址：台中市北屯路12巷26弄28-6号

电　　　话：886-04-2314314

E-mail：K11108@ms16.hinet.net

图字：01—2002—5174号

图书在版编目(CIP)数据

乔丹篮球宝典. 第2卷，降龙八掌篇 / 肯特著；郑旭宏绘.
-北京：人民体育出版社，2003（2017.2.重印）
ISBN 978-7-5009-2395-4

Ⅰ. 乔… Ⅱ. ①肯… ②郑… Ⅲ. 篮球运动-运动技术-图解 Ⅳ. G841.19

中国版本图书馆 CIP 数据核字(2002)第 101792 号

*

人民体育出版社出版发行
三河市兴达印务有限公司
新 华 书 店 经 销

*

880×1230 32 开本 6.875 印张 180 千字
2003 年 5 月第 1 版 2017 年 2 月第 10 次印刷
印数：44,691—47,690 册

*

ISBN 978-7-5009-2395-4
定价：16.00 元

社址：北京市东城区体育馆路 8 号（天坛公园东门）
电话：67151482（发行部） 邮编：100061
传真：67151483 邮购：67118491
网址：www.sportspublish.com
（购买本社图书，如遇有缺损页可与发行部联系）